Max Beer
Karl Marx

SEVERUS

Beer, Max: Karl Marx - Monographie
Hamburg, SEVERUS Verlag 2014
Nachdruck der Originalausgabe von 1921

ISBN: 978-3-86347-780-6
Druck: SEVERUS Verlag, Hamburg, 2014

Der SEVERUS Verlag ist ein Imprint der Diplomica Verlag GmbH.

Bibliografische Information der Deutschen Nationalbibliothek:
Die Deutsche Nationalbibliothek verzeichnet diese Publikation in der Deutschen Nationalbibliografie; detaillierte bibliografische Daten sind im Internet über http://dnb.d-nb.de abrufbar.

© **SEVERUS Verlag**
http://www.severus-verlag.de, Hamburg 2014
Printed in Germany
Alle Rechte vorbehalten.

Der SEVERUS Verlag übernimmt keine juristische Verantwortung oder irgendeine Haftung für evtl. fehlerhafte Angaben und deren Folgen.

KARL MARX

EINE MONOGRAPHIE
VON
M. BEER

KARL MARX

INHALTSVERZEICHNIS

(Die Ziffern geben die Seitenzahlen an)

VORWORT
EINLEITUNG
1. Das Bedeutungsvolle an Marx 7
2. Hegels Leistung 10
3. Bedeutung der Junghegelianer 24

I. MARXENS LEHRJAHRE
1. Eltern und Freunde 27
2. Studentenzeit 28
3. Eintritt ins Leben 34

II. DAS WERDEN DES MARXISMUS
1. Deutsch-Französische Jahrbücher 37
2. Freundschaft mit Friedrich Engels 40
3. Polemik gegen Bauer und Ruge 41
4. Streitschrift gegen Proudhon 45

III. AGITATION UND LEBENSSCHICKSALE
1. Der revolutionäre Geist der vierziger Jahre 56
2. Das Kommunistische Manifest 58
3. Die Revolution von 1848 63
4. Londoner Nebel- und Sonnentage 65
5. Die Internationale 68
6. Pariser Kommune 71
7. Lebensabend 73

IV. MARXSCHE SOZIOLOGIE
1. Die materialistische Geschichtsauffassung 76
2. Klasse, Klassenkampf und Klassenbewußtsein 87
3. Rolle der Arbeiterbewegung und proletarische Diktatur . . . 91

V. MARXSCHE ÖKONOMIK
1. Ricardos Leistung 99
2. Antikapitalistische und sozialistische Kritik 104
3. „Das Kapital" 106
4. Gebrauchs- und Tauschwert 108
5. Der Arbeitslohn 110
6. Der Mehrwert 112
7. Der Profit 115
8. Das Problem der Durchschnittsprofitrate 119
9. Mehrwert als gesellschaftliche Triebkraft 122
10. Oekonomische Widersprüche: Verfall und Neugestaltung . 128

SCHLUSSBETRACHTUNG 132
LITERATURNACHWEIS 137

Vorwort zur dritten Auflage.

Die erste Auflage dieser Schrift, erschienen im Mai 1918 zum 100. Geburtstage von Karl Marx, fand raschen Absatz, so daß im Frühjahr 1919 eine zweite, erheblich vermehrte Auflage veröffentlicht werden konnte. Die revolutionär-proletarischen Vorgänge in Europa, die sich überall an den Namen Karl Marx knüpfen, machen offenbar eine gemeinverständliche Einführung in dessen Gedankenwelt nötig. Diesem Bedürfnis scheint meine Schrift einigermaßen entgegenzukommen. Für die umfassende Verbreitung des sozialrevolutionären Gedankens spricht auch die Tatsache, daß aus Japan und Persien eine größere Anzahl von Exemplaren meiner Schrift bestellt wurde. Ferner, daß in London eine englische Uebersetzung derselben unlängst erschienen ist und zu meiner Ueberraschung sehr günstig rezensiert wird. Das Interesse für Marx ist überall erheblich.

Die vorliegende dritte Auflage hat wiederum Aenderungen und Vermehrungen erfahren. Die Kapitel über „Hegels Leistung" und „Bedeutung der Junghegelianer" sind, wie ich glaube, verbessert. Neue Kapitel sind „Ricardos Leistung" und „Antikapitalistische und sozialistische Kritik", die als Einleitung zur Marxschen Oekonomik gedacht sind.

Berlin-Karlshorst, Ende Februar 1921.

M. Beer.

KARL MARX' GEBURTSHAUS IM JAHRE 1818

Einleitung.

1. Das Bedeutungsvolle an Marx.

Karl Marx gehört in die Reihe der philosophischen und sozialwissenschaftlichen Denker, die machtvolle Gedankenfermente in die Welt werfen und Menschenmassen in Bewegung setzen. Sie wecken schlummernde Zweifel und Widersprüche. Sie verkünden neue geistige und gesellschaftliche Formen. Ihre Systeme mögen früher oder später veralten, der eherne Gang der Zeit mag schließlich ihren Gedankenbau stürzen; inzwischen aber rütteln sie ungezählte Menschenköpfe zur Tätigkeit auf, entflammen ungezählte Menschenherzen und hinterlassen in deren Geweben Spuren, die sich auf kommende Geschlechter vererben. Es ist das Größte und Schönste, das einem menschlichen Wesen beschieden sein kann. Weil diese Denker gelebt und gewirkt haben, denken ihre Zeitgenossen und ihre Nachkommen klarer, empfinden tiefer und sind an Wissen und Selbstbewußtsein reicher.

Aus derartigen Systemen und Weltanschauungen besteht die Geschichte der Philosophie und der Gesellschaftswissenschaft. Sie sind das Sachregister der Jahrbücher der Menschheit. Keines dieser Systeme ist vollkommen, keines umfaßt alle menschlichen Triebe und Fähigkeiten, keines erschöpft alle Kräfte und Strömungen der menschlichen Gesellschaft. Sie drücken sämtlich nur bruchstückartige Wahrheiten aus, die aber wirksam werden und Erfolge erzielen, weil sie in die geistigen Wirren ihrer Generation hineinleuchten, ihr die Fragen der Zeit zum Bewußtsein bringen, ihr die Weiterentwicklung erleichtern und ihren kräftigsten Mitgliedern gestatten, in kritischer Zeit ohne Verwirrung aufrecht zu stehen.

In ähnlichem Sinne äußert sich Hegel, indem er bemerkt: „Wenn vom Widerlegen einer Philosophie die Rede ist, so pflegt dies zunächst nur im abstrakt negativen (vollständig vernichtenden) Sinne genommen zu werden, dergestalt, daß die widerlegte Philosophie überhaupt nicht mehr gilt, daß sie beseitigt und abgetan ist. Wenn dem so wäre, so müßte das Studium der Geschichte der Philosophie als ein durchaus trauriges Geschäft betrachtet werden, da dieses Studium lehrt, daß alle im Verlauf der Zeit hervorgetretenen philosophischen Systeme ihre Widerlegung gefunden haben. Aber ebenso gut als zugegeben ist, daß alle Philosophen widerlegt worden sind, muß zugleich auch behauptet werden, daß keine Philosophie widerlegt worden ist, noch auch widerlegt zu werden vermag ...", denn ein jedes philosophisches System ist zu betrachten als die Darstellung eines besonderen Moments oder einer besonderen Stufe im Entwicklungsprozeß der Idee. Die Geschichte der Philosophie ... ist in ihrem Resultat nicht einer Galerie von Verirrungen des menschlichen Geistes, sondern vielmehr einem Pantheon von Göttergestalten zu vergleichen." (Hegel, Encyclopädie, erster Band, § 86, Zusatz 2.) Was Hegel von der Philosophie hier sagt, gilt auch von sozialwissenschaftlichen Systemen, Kunststilen und Kunstformen. Das Ablösen eines Systems durch das andere spiegelt die geschichtliche Aufeinanderfolge der gesellschaftlichen Entwicklungsstufen wider.

Gemeinsam ist diesen Systemen das Merkmal der *Lebendigkeit*. Ungeachtet ihrer Mängel und Schwierigkeiten webt und waltet in ihnen ein lebendiger Geist, dem sich ihre Zeitgenossen gar nicht entziehen können. Ihre Gegner mögen unendliche Mühe aufwenden, sie zu widerlegen und ihre Mängel und Widersprüche aufzudecken, so gelingt es ihnen doch nicht, ihren Zweck zu erreichen: ihre logischen Sappen und Minen, ihre leidenschaftlichen Anstürme scheitern am lebendigen Geiste, den das schöpferische Genie seinem Werke einhauchte. Der tiefe Eindruck, den diese Lebendigkeit auf uns macht, ist ein Hauptbestandteil bei der Bildung unserer Werturteile über wissenschaftliche und künstlerische Leistungen. Formale Widerspruchslosigkeit und Schönheit ohne den vollen Pulsschlag des Lebens der Zeit können diesen Eindruck nie hervorrufen.

Walter Scott, der oft Vorwürfe über die Mangelhaftigkeit und Widersprüche im Aufbau seiner Romane hören mußte, antwortete mit folgender Anekdote: Ein französischer Bildhauer, der Rom zu seinem Wohnsitz wählte, liebte es, seine kunstsinnigen Landsleute, die sich auf einer Reise in Italien befanden, nach dem Kapitol zu führen und ihnen die Reiterstatue Marc Aurels zu zeigen, wobei er sich bemühte, den Beweis zu führen, daß das Pferd mangelhaft modelliert sei und den anatomischen Anforderungen nicht entspreche. Nach einer derartigen Kritik regte einer seiner Besucher ihn an, er möchte doch seine Kritik durch die Tat beweisen und ein kunstgerechtes Pferd anfertigen. Der Kritiker machte sich ans Werk, und nach einem Jahre, als seine Freunde wieder zu Besuch in Rom waren, führte er ihnen sein Pferd vor. Es war anatomisch vollkommen. Er brachte es stolz vor das Kapitol, um beide Kunstwerke miteinander zu vergleichen und Triumphe zu feiern. Versunken im kritischen Vergleiche brach jedoch nach einer Weile das ehrliche Kunstgefühl des französischen Bildhauers durch und ließ ihn pathetisch ausrufen: „Et pourtant cette bête-là est vivante, et la mienne est morte!" (Und doch ist jenes Tier lebendig und das meine tot!)

Gar manchen Marx-Kritikern ergeht es wie unserem tüftelnden französischen Bildhauer. Ihre formal logisch vollendeten Wirtschaftslehren und geschichtsphilosophischen Systeme, mit schulgerechten Einzelheiten und Definitionen ausgestattet, bleiben tot und wirkungslos. Sie führen uns nicht in die Zusammenhänge der Zeiten ein, während Marx den Gebildeten und Ungebildeten, seinen Lesern und Nichtlesern eine Menge von gesellschaftswissenschaftlichen Begriffen und Ausdrücken hinterließ, die als sprachliche Münze in der ganzen Welt im Umlauf sind. In Petersburg wie in Tokio, in Berlin wie in London, in Paris wie in Pittsburg spricht man von Kapital und kapitalistischer Wirtschaftsordnung, von Produktionsmitteln und Klassenkampf, von Reform und Revolution, von Proletariat und Sozialismus. Wie tief Marxens Wirkung ist, zeigt die ökonomische Erklärung des Weltkrieges, die auch von den entschiedensten Gegnern der materialistischen Geschichtsauffassung angenommen wird. Nach einer Generation seit Marxens Tod schwindet sichtlich die Herrschaft des Kapitals, greifen Arbeiterausschüsse und Fabrikvertrauensleute in den Produktionsprozeß ein, füllen Sozialisten und Arbeiter die Parlamente, steigen oder stürmen Proletarier und ihre Vertreter zu den höchsten Stufen der politischen Gewalt in Staaten und Reichen. So mancher ihrer Triumphe würde kaum Marxens Beifall gefunden haben. Seine von unbändiger Leidenschaft durchglühte Theorie verlangte, daß die neuen Gesetzestafeln unter Donner und Blitz den Menschen gegeben würden. Aber das wesentliche ist doch, daß das Proletariat seine Ketten löst, auch wenn es sie nicht unter Lärm bricht. Wir befinden uns in den ersten Stadien des Werdeprozesses der sozialistischen Gesellschaft. Welche Formen sein dialektischer Fortgang auch nehmen mag, so ist doch soviel sicher, daß nur die denkende Vernunft der Sozialisten und das sich selbst treue Wirken des geeinigten Proletariats ihn zur Vollendung bringen können.

Wir gebrauchen bereits Hegelsche Ausdrücke und müssen deshalb hier Halt machen, um Hegels Leistung kurz zu betrachten. Ohne sie ist man nicht imstande, die wichtigen Tatsachen aus dem Leben und Wirken von Marx zu würdigen, oder auch nur seine ersten geistigen Errungenschaften während seiner Studentenzeit zu verstehen.

2. Hegels Leistung.

Bis gegen das Ende des 18. Jahrhunderts hatten die Menschen, die gebildeten und ungebildeten, die Philosophen und Nichtphilosophen, etwa folgende allgemeine Anschauung: Die Welt ist entweder erschaffen oder von Ewigkeit her. Sie wird von einem persönlichen, überweltlichen Gott oder von einem allgemeinen Geist regiert oder von der Natur wie ein feiner Mechanismus in Gang gehalten. Sie existiert nach ewigen Gesetzen; sie ist zweckmäßig eingerichtet, vollkommen und beständig. Die Dinge und Wesen, die sich auf ihr befinden, sind in Arten, Gattungen und Klassen eingeteilt. Alles ist fixiert, stetig und dauernd. Die Dinge und Wesen

G. W. F. HEGEL

befinden sich im Raume nebeneinander und folgen in der Zeit aufeinander, wie seit jeher. Ebenso die Geschehnisse und Ereignisse der Welt und der Menschheit. Die landläufigen Weisheitssprüche: „Es gibt nichts Neues unter der Sonne", oder: „Die Weltgeschichte wiederholt sich nur", sind Niederschläge dieser Auffassung.

Entsprechend dieser Weltanschauung war die Logik oder die Wissenschaft von den Gesetzen des Denkens (Logos heißt im Griechischen: Vernunft, Wort). Sie lehrte, wie die Menschen ihre Vernunft gebrauchen, wie sie sich vernunftgemäß ausdrücken, wie Begriffe entstehen (auf welche Weise der menschliche Verstand Begriffe, wie z. B. Baum, Stein, Tier, Mensch, Tugend, Laster usw. bildet), ferner wie diese Begriffe zu Urteilen (Sätzen) verbunden werden, endlich wie aus diesen Urteilen Schlüsse gezogen werden. Diese Logik sollte die Denkformen des menschlichen Kopfes zeigen. Sie wurde vom griechischen Philosophen Aristoteles (384 bis 322 v. Chr.) begründet und bieb bis zum Beginn des 19. Jahrhunderts wesentlich unverändert, ebenso wie unsere Gesamtanschauung der Welt unverändert blieb. Diese Wissenschaft von den menschlichen Denkformen ging von drei ursprünglichen Denkgesetzen aus, die sie am besten charakterisieren. Ebenso wie ein Untersuchungsrichter einen Angeklagten ins Auge faßt, ihn „identifiziert", damit Ungewißheiten und Widersprüche vermieden werden, so begann diese Logik mit der Feststellung der Identität des Begriffs, mit dem sie operieren wollte. Sie stellte deshalb als erstes Denkgesetz den *Satz der Identität* auf, der folgendermaßen lautet: $A = A$, d. h. jedes Ding, jedes Wesen ist sich selbst gleich; es hat seine eigene, nur ihm zukommende Individualität. Deutlicher ausgedrückt, besagt dieser Satz: Die Erde ist die Erde; ein Staat ist ein Staat; das Kapital ist Kapital; der Sozialismus ist Sozialismus.

Hieraus folgt das zweite Denkgesetz: *der Satz des Widerspruchs:* A kann nicht A sein und Nicht-A sein. Oder im Verfolg unserer oben gegebenen Beispiele: die Erde kann nicht Erde und ein Feuerball sein; ein Staat kann nicht Staat und Anarchie sein; das Kapital kann nicht Kapital und Armut sein; der Sozialismus kann nicht Sozialismus und Individualismus sein. Widersprüche darf es also nicht geben, denn das sich Widersprechende ist unsinnig; wo es sich jedoch vorfindet, sei es in der Wirklichkeit, sei es im Denken, ist es nur eine Zufälligkeit, gleichsam eine Regelwidrigkeit oder eine vorübergehende krankhafte Erscheinung.

Aus diesem Denkgesetz folgt unmittelbar das dritte: der *Satz des ausgeschlossenen Dritten:* Etwas ist entweder A oder Nicht-A, ein Drittes gibt es nicht. Oder nach unseren Beispielen: Die Erde ist entweder ein fester Körper, oder wenn sie nicht fest ist, ist sie gar keine Erde, ein Drittes gibt es nicht. Der Staat ist entweder monarchisch, oder wenn er nicht monarchisch ist, ist er gar kein Staat. Der Kapitalismus ist entweder unterdrückend oder überhaupt kein Kapitalismus. Der Sozialismus ist entweder revolutionär oder er ist gar kein Sozialismus, ein Drittes gibt es nicht. (Der Sozialismus ist entweder reformistisch oder gar kein Sozialismus, ein Drittes gibt es nicht.)

Mit diesen drei Denkgesetzen der Identität, des Widerspruchs und des ausgeschlossenen Dritten beginnt die formale Logik. Aus ihnen ist ohne weiteres zu ersehen, daß sie mit starren, beständigen, unwandelbaren, dogmatischen Begriffen operiert, wie etwa die Geometrie, die mit fest begrenzten räumlichen Gebilden operiert. Es ist das Denken der alten Weltanschauung.

Seit dem Beginn des 19. Jahrhunderts brach sich eine neue Weltauffassung Bahn. Die Welt, wie wir sie sehen oder aus Büchern kennen, war weder erschaffen noch von Ewigkeit her, sondern sie hat sich im Laufe ungezählter Jahrtausende entwickelt und ist in einem Entwicklungsprozeß begriffen. Sie hat eine ganze Reihe von Wandlungen, Umwälzungen und Katastrophen durchgemacht. Die Erde war eine Gasmasse, dann ein Feuerball; die Arten und Klassen von Dingen und Wesen, die sich auf der Erde befinden, sind teils durch stufenweisen Uebergang von einer Art in die andere entstanden, teils durch plötzliche Wandlungen in die Erscheinung getreten. Und wie in der Natur, so in der Menschheitsgeschichte: Form und Inhalt der Familie, des Staates, der Güterherstellung, der Religion, des Rechts usw. sind dem

Entwicklungsprozesse unterworfen. Alles ist im Fluß, im Werden, im Entstehen und Vergehen begriffen. Es gibt nichts Starres, Beständiges, Unwandelbares im Weltall.

Angesichts der neuen Auffassung konnte die alte formale Logik das Denken nicht mehr befriedigen; sie konnte dem Werden der Dinge nicht gerecht werden. Es wurde im wachsenden Maße für den Denker unmöglich, mit starren Begriffen zu operieren. Seit dem Beginn des 19. Jahrhunderts wurde nach einer neuen Logik gesucht, und es war Georg Wilhelm Friedrich Hegel (geb. in Stuttgart 1770, gest. in Berlin 1831), der einen umfassenden, äußerst mühevollen Versuch machte, eine neue, dem Weltprozeß der Entwicklung entsprechende Logik zu schaffen. Diese Aufgabe erschien ihm um so dringender, als seine ganze Philosophie darauf abzielte, das *Denken* und das *Sein:* die *Vernunft* und die *Welt,* in den innigsten Zusammenhang und Einklang zu bringen, sie als unzertrennlich voneinander zu behandeln, als identisch zu betrachten, und die Welt darzustellen als die stufenweise Verkörperung der Vernunft. „Was vernünftig ist, das ist wirklich; was wirklich ist, das ist vernünftig . . . Die Aufgabe der Philosophie ist, *zu begreifen, was ist* . . . Jedes Individuum ist der Sohn seiner Zeit. Auch die Philosophie ist: *ihre Zeit in Gedanken erfaßt.* Kein Individuum kann seine Zeit überspringen." (Hegel, Vorrede zur „Philosophie des Rechts".) Wie man sieht, war Hegel in seiner Weise kein abstrakter, von der Wirklichkeit absehender, ins Blaue hinein spekulierender Denker. Er bemühte sich vielmehr, dem Abstrakten, dem rein Gedanklichen, einen sachlichen Inhalt zu geben, oder es konkret zu machen. Die Idee ohne Wirklichkeit, oder die Wirklichkeit ohne Idee erschien ihm als undenkbar. Seine Logik konnte sich demgemäß nicht allein mit den Denkgesetzen, sondern mußte sich zugleich mit den Weltentwicklungsgesetzen beschäftigen. Einfach mit den Denkformen herumzuspielen und begriffliche Fechtkünste auszuführen, wie es die alten Logiker, insbesondere im niedergehenden Griechenland und im Mittelalter, zu tun pflegten, schien ihm ein nutzloses, abstraktes, unwirkliches Beginnen. Er schuf deshalb eine Wissenschaft des Denkens, die nicht nur die Denkgesetze, sondern auch die Gesetze des Werdens formuliert, jedoch leider in einer Sprache, die seinen Lesern ungeheure Schwierigkeiten bietet.

Das Wesentliche seiner Logik ist die *Dialektik*.

Unter Dialektik verstanden die alten Griechen die Kunst der Rede und Gegenrede, der Widerlegung des Gegners durch die Vernichtung seiner Behauptungen und Beweise, der Hervorhebung der Widersprüche und Gegensätze. Sieht man sich diese Art des Diskutierens genauer an, so erscheint sie — trotz ihrer Widerlegungen und scheinbar negativer (vernichtender) Denkarbeit — doch als sehr nützlich, denn sie bringt aus dem gegensätzlichen Zusammenstoß der Meinungen die Wahrheit hervor und regt zu weiterem Denken an. Hegel griff diesen Ausdruck auf und benamste nach ihm seine logische Methode. Es ist die *dialektische Methode:* die Art der Auffassung der Dinge und Wesen des Weltalls im Prozeß des Werdens durch den Kampf der Gegensätze und deren Lösung. Mit ihrer Hilfe geht er zu Gericht mit den früher genannten drei ursprünglichen Denksätzen. Der Satz der Identität ist eine abstrakte, unvollständige Wahrheit, denn er trennt die Dinge von der Verschiedenheit der übrigen Dinge und von den Beziehungen zu ihnen. Jedermann empfindet dies sofort. Nehmen wir den Satz: die Erde ist die Erde. Wer die ersten drei Worte dieses Satzes — die Erde ist — hört, erwartet natürlich, daß das Prädikat ihm etwas sagen würde, was die Erde von den übrigen Dingen unterscheidet. Anstatt dessen bietet man ihm eine leere, beharrende Einerleiheit, einen inhaltslosen toten Begriff. Ist der Satz der Identität im besten Falle nur eine unvollständige Wahrheit, so ist der Satz des Widerspruchs und des ausgeschlossenen Dritten eine vollständige Unwahrheit. Der Widerspruch ist nicht nur weit davon entfernt, einen Gedanken unsinnig zu machen, sondern er ist es, der den Gedanken und somit auch den Gegenstand, den er ausdrückt, zur Entwicklung und Entfaltung bringt. Es ist gerade das Entgegengesetzte oder der Gegensatz, der die Dinge in Bewegung setzt, den Entwicklungsprozeß in Gang bringt, alle Momente, alle Kräfte des Seins entfaltet. Wäre die Erde als feurige Gasmasse beharrlich identisch und ohne das Auftreten des Widerspruchs: der Abkühlung und Verdichtung geblieben, so wäre kein Leben auf ihr entstanden. Wäre der Staat autokratisch geblieben, — wäre der Widerspruch: die bürgerliche Freiheit, nicht aufgetreten, dann würde das staatliche Leben erstarrt sein, das Aufblühen der Kultur unmöglich geworden. Wäre der Kapitalismus ohne proletarischen Widerspruch geblieben, dann würde er sich zu einem industriellen Feudalismus zurückentwickelt haben. Es ist der Widerspruch oder der Gegensatz, der den ganzen Reichtum der Kräfte und Gaben der Natur und der Menschheit zur Verwirklichung bringt. Erst wo das Entgegengesetzte sich zu zeigen anfängt, beginnt das Werden einer höheren Form des Seins und des Gedankens. Wie man sieht, handelt es sich hier nicht um logische Widersprüche, wie sie dem unklaren Denken oder einer verworrenen Darstellung von Tatsachen gewöhnlich entspringen; bei Hegel — und nach ihm bei Marx — handelt es sich vielmehr um sachliche Widersprüche: um Gegensätze und Konflikte, wie sie aus dem Entwicklungsprozeß der Dinge und Zustände selbst sich ergeben.

Das Ding oder das Wesen, gegen das sich der Widerspruch richtet, nennt Hegel: das *Positive,* und den Widerspruch, das Entgegengesetzte, den Gegensatz — nennt er die *Negation.* Wie man aus unserem Beispiel ersehen kann, ist diese Negation kein einfaches Vernichten, keine Auflösung in Null, sondern ein gleichzeitiges Beseitigen und Aufbauen, ein Vergehen und Entstehen, — ein Aufsteigen zu einer höheren Stufe. Hegel sagt hierüber:

„Es ist eines der Grundvorurteile der bisherigen Logik und des gewöhnlichen Vorstellens, als ob der Widerspruch nicht eine so wesenhafte und immanente (dem Denken und Sein innewohnende) Bestimmung sei, wie die Identität. In Wahrheit ist die Identität ihm gegenüber nur die Bestimmung des einfachen Unmittelbaren, des toten Seins. *Der Widerspruch aber ist die Wurzel aller Bewegung und Lebendigkeit;* nur insofern etwas in sich selbst einen Widerspruch hat, bewegt es sich, hat Trieb und Tätigkeit."

Die Rolle des Widerspruchs oder des Gegensatzes oder der Negation entgeht der oberflächlichen Betrachtung sehr leicht. Diese sieht zwar, daß die Welt mit verschiedenartigen Dingen gefüllt ist, denn wo etwas ist, findet sich auch sein Gegensatz, z. B. Sein — Nichts, Kälte — Hitze, Licht — Finsternis, Milde — Härte, Lust — Schmerz, Freude — Trauer, Reichtum — Armut, Kapital — Arbeit, Leben — Tod, Tugend — Laster, Idealismus — Materialismus, Romantik — — Klassizismus usw., aber das einfache Denken legt sich keine Rechenschaft davon ab, daß es eine Welt von Widersprüchen und Gegensätzen vor sich hat; es weiß nur, daß die Welt eine Fülle von verschiedenen, mannigfaltigen Dingen in sich birgt. „Erst die denkende Vernunft", sagt Hegel, „spitzt die bloße Mannigfaltigkeit und Verschiedenheit der Vorstellung zum *Gegensatze* zu. Erst auf die Spitze getrieben, werden die Mannigfaltigen regsam und lebendig gegeneinander und erhalten die Negativität, welche der innewohnende Pulsschlag der Selbstbewegung und Lebendigkeit ist." Erst durch das Auseinandergehen der Gegensätze und deren Entfaltung wird der weitere Prozeß des Werdens möglich und über den Gegensatz hinaus zu einer höheren positiven Stufe emporgetrieben. Wo aber, führt dort Hegel weiter aus, die Kraft zur Entfaltung und Zuspitzung des Widerspruchs fehlt, geht das Ding oder das Wesen am Widerspruch zugrunde. (Hegel, Wissenschaft der Logik, erster Teil, zweite Abteilung, Seite 66, 69, 70.)

Dieser Gedanke Hegels ist zum Verständnis des Marxismus außerordentlich wichtig. Er ist die Seele der Marxschen Klassenkampflehre, ja, des ganzen Marxschen Systems. Marx liegt sozusagen immer auf der Lauer, um den Widerspruch innerhalb der gesellschaftlichen Entwicklung zu entdecken, denn wo der Widerspruch (Gegensatz, Klassenkampf) sich zeigt, dort beginnt — nach Marx-Hegel — die Fortentwicklung zu einer höheren Stufe. Eine automatisch verlaufende Evolution gibt es also nicht. Erst der Klassenkampf macht eine fortschreitende gesellschaftliche Entwicklung möglich.

Wir lernten bisher zwei Ausdrücke der dialektischen Methode kennen: das *Positive* und die *Negation*. Wir sahen die ersten zwei Stufen des Werdeprozesses im Denken und in der Wirklichkeit. Der Prozeß ist noch nicht vollendet. Es bedarf noch einer dritten Stufe. Diese dritte Stufe nennt Hegel: die *Negation der Negation*. Indem die Negation fortwirkt, entsteht ein neues Ding oder Wesen. Um auf unsere

Beispiele zurückzugreifen: die vollständige Abkühlung und Verdichtung der Erdoberfläche, die Entstehung des bürgerlichen Staates, der Sieg des Proletariats, — das ist das Aufheben oder die Beseitigung der Negation; der Widerspruch ist aufgelöst; eine neue Stufe im Werdeprozeß ist erreicht. Die Ausdrücke das Positive (oder die Affirmation), die Negation, die Negation der Negation sind auch bekannt als *These, Antithese, Synthese.*

Man kann dies noch deutlicher fassen und wie folgt veranschaulichen: Betrachten wir ein Ei. Es ist etwas *Positives.* Aber es birgt in sich einen Keim, der, zum Leben erwacht, den Inhalt des Eies nach und nach verzehrt, also negiert. Diese *Negation* ist jedoch kein einfaches Zerstören und Vernichten; sie hat vielmehr zum Ergebnis, daß der Keim sich zu einem lebenden Wesen entwickelt. Ist die Negation vollendet, so durchbricht das entstandene Küchlein die Eierschale. Das ist die *Negation der Negation,* wobei etwas organisch Höheres als ein Ei entstanden ist.

Diese Art des Denkens der Menschen und des Wirkens der Natur und der Geschichte nennt Hegel die dialektische Methode oder den dialektischen Prozeß. Wie man sieht, ist die Dialektik sowohl eine Forschungsmethode wie eine Weltauffassung. Hegel drückt die Dialektik mit folgenden Worten aus:

„Das einzige, um den wissenschaftlichen Fortgang zu gewinnen, und um dessen ganz einfache Einsicht sich wesentlich zu bemühen ist, — ist die Erkenntnis des logischen Satzes, daß das Negative ebensosehr positiv ist, oder daß sich das Widersprechende nicht in Null, in das abstrakte Nichts auflöst, sondern wesentlich nur in die Negation seines besonderen Inhalts ... Indem das Resultierende, die Negation, bestimmte Negation ist, hat sie einen Inhalt. Sie ist ein neuer Begriff, aber der höhere, reichere Begriff als der vorhergehende; denn sie ist um dessen Negation oder Entgegengesetztes reicher geworden; enthält ihn also, aber auch mehr als ihn, und ist die Einheit seiner und seines Entgegengesetzten. — In diesem Wege hat sich das System der Begriffe zu bilden, — und in unaufhaltsamem, reinem, von außen nichts herein-

nehmendem Gange sich zu vollenden." (Hegel, Wissenschaft der Logik, Erstes Buch, Einleitung.)
Der dialektische Prozeß vollzieht sich nicht nur durch stufenweise Uebergänge, sondern auch sprungweise. Hegel bemerkt: Man sagt, „es gibt keinen Sprung in der Natur", und die gewöhnliche Vorstellung meint, daß sich das Entstehen als ein allmähliches Hervorgehen oder Verschwinden darstellt. Es gibt aber auch ein Umschlagen der Quantität in Qualität. Zum Beispiel: das Wasser wird durch Abkühlung nicht nach und nach hart, so daß es breiartig würde und allmählich bis zur Festigkeit des Eises sich verhärte, sondern es wird auf einmal hart. Ist die Temperatur bis auf einen bestimmten Grad gesunken, so verwandelt sich das Wasser plötzlich in Eis: die Quantität — die Zahl der Wärmegrade — schlägt in Qualität — in eine Aenderung der Wesenheit der Sache — um (Logik, 1. Teil, 1. Abteilung, S. 464, Ausgabe 1841.)

Halten wir nun das Wesen der Dialektik fest. Nach Hegel ist sie Evolution mit revolutionären Mitteln. Sie ist also nicht automatisch; sie verlangt die Entfaltung der Widersprüche oder Gegensätze; ohne diese Entfaltung bleibt das Positive eine leere, tote Identität. Bei Marx heißt dies: Erst die Klassenkämpfe ermöglichen der Evolution, ihre Stufen bis zur Synthese durchzumachen. Ohne die revolutionäre Aktion der Klassen kann sich die Evolution nicht vollziehen. Mit Hilfe dieser Dialektik formulierte Marx die Gesetze des Werdens des Sozialismus. Sowohl in seinen Erstlingswerken „Die heilige Familie" (1844) und im „Elend der Philosophie" (1847) — also in der Entstehungszeit seiner Geschichtsauffassung —, wie in seinem „Kapital" ist es die Hegelsche Dialektik, mit der er diese Gesetze aufspürt. In der „Heiligen Familie" sagt er:

„Proletariat und Reichtum (Marx sagte später: Kapital) sind Gegensätze. Sie bilden als solche ein Ganzes, sie sind beide Gestaltungen der Welt des Privateigentums. Es handelt sich um die bestimmte Stellung, die beide in dem Gegensatz einnehmen. Es reicht nicht aus, sie für zwei Seiten eines Ganzen zu erklären. Das Privateigentum als Privateigentum, als Reichtum ist gezwungen, sich selbst und damit seinen Gegensatz, das Proletariat, im Bestehen zu erhalten. Es ist

JENNY V. WESTPHALEN

die positive Seite des Gegensatzes, das in sich selbst befriedigte Privateigentum. Das Proletariat ist umgekehrt als Proletariat gezwungen, sich selbst und damit seinen bedingten Gegensatz, der es zum Proletariat macht, das Privateigentum, aufzuheben. Es ist eine negative Seite des Gegensatzes, seine Unruhe in sich, das aufgelöste und sich auflösende Privateigentum . . . Innerhalb des Gegensatzes ist der Privateigentümer also die konservative, der Proletarier die destruktive (zerstörende) Partei. Von jenem geht die Aktion des Erhaltens des Gegensatzes, von diesem die Aktion seiner Vernichtung aus. Das Privateigentum treibt allerdings sich selbst in seiner nationalökonomischen Bewegung zu seiner eigenen Auflösung fort, aber nur durch eine von ihm unabhängige, unbewußte, wider seinen Willen stattfindende, durch die Natur der Sache bedingte Entwicklung, nur indem es das Proletariat als Proletariat erzeugt, das seines geistigen und physischen Elends bewußte Elend, die ihrer Entmenschung bewußte und darum sich selbst aufhebende Entmenschung. Das Proletariat vollzieht das Urteil, welches das Privateigentum durch die Erzeugung des Proletariats über sich selbst verhängt, wie es das Urteil vollzieht, welches die Lohnarbeit über sich selbst verhängt, indem sie den fremden Reichtum und das eigene Urteil erzeugt. Wenn das Proletariat siegt, so ist es dadurch keineswegs zur absoluten Seite der Gesellschaft geworden, denn es siegt nur, indem es sich selbst und sein Gegenteil aufhebt. Alsdann ist ebensowohl das Proletariat wie sein bedingter Gegensatz, das Privateigentum, verschwunden." (Mehring, Marx-Engels Nachlaß, zweiter Band, Seite 132.) Und noch auf der vorletzten Seite (420—21) des letzten Bandes des „Kapital" wird die dialektische Methode in wenigen Sätzen zusammengefaßt, indem gesagt wird: „Soweit der Arbeitsprozeß nur ein bloßer Prozeß zwischen Mensch und Natur ist, bleiben seine einfachen Elemente allen gesellschaftlichen Entwicklungsformen desselben gemein. Aber jede bestimmte historische Form dieses Prozesses entwickelt weiter die materiellen Grundlagen und gesellschaftlichen Formen desselben. Auf einer gewissen Stufe der Reife angelangt, wird die bestimmte historische Form abgestreift und macht einer höheren Platz. Daß der Moment einer solchen Krise gekommen, zeigt sich, sobald der Widerspruch und Gegensatz zwischen den Verteilungsverhältnissen, daher auch der bestimmten historischen Gestalt der ihnen entsprechenden Produktionsverhältnisse einerseits, und den Produktivkräften, der Produktionsfähigkeit und der Entwicklung ihrer Agenzien andererseits, Breite und Tiefe gewinnt. Es tritt dann ein Konflikt zwischen der materiellen Entwicklung der Produktion und ihrer gesellschaftlichen Form ein." Am schlagendsten tritt die Hegelsche Dialektik im berühmten 24. Kapitel (7. Abschnitt) des ersten Bandes „Kapital" hervor, wo die Entwicklung des Kapitalismus aus kleinbürgerlichen Eigentumsverhältnissen durch alle Phasen hindurch bis zur sozialistischen Revolution in wuchtigen Sätzen zusammenfassend geschildert wird. „Die aus der kapitalistischen Produktionsweise hervorgehende kapitalistische Aneignungsweise, daher das kapitalistische Privateigentum, ist die erste Negation des individuellen, auf eigene Arbeit gegründeten Privateigentums. Aber die kapitalistische Produktion erzeugt mit der Notwendigkeit eines Naturprozesses ihre eigene Negation. Es ist die Negation der Negation." Hier haben wir die drei Stufen: *These:* individuelles Eigentum; *Antithese:* Kapitalismus; *Synthese:* Gemeineigentum.

Von nichtdeutschen sozialkritischen Schriftstellern war es insbesondere Proudhon, der in seinen Werken: „Was ist Eigentum?" und „Oekonomische Widersprüche oder die Philosophie des Elends" (1840, 1846) die Hegelsche Dialektik zu gebrauchen versuchte. Schon der Umstand, daß er seinem Hauptwerke den Titel „Oekonomische Widersprüche" gab, zeigt, daß Proudhon sich mit Hegel lebhaft beschäftigte. Trotzdem blieb er an der Oberfläche haften; er gebrauchte die Hegelschen Formeln ganz mechanisch. Der Begriff des immanenten Entwicklungsprozesses (der innerhalb des Gesellschaftsorganismus vorwärtstreibenden Kräfte) fehlt bei Proudhon.

Betrachtet man die dialektische Methode, wie sie hier dargestellt ist, so könnte man annehmen, Hegel sei ein materialistischer Denker. Eine derartige Annahme wäre ein Irrtum. Denn Hegel ist ein Idealist. Das heißt: das ursprüngliche und innere Wesen des Werdeprozesses besteht nach ihm nicht aus materiellen Kräften, sondern aus der logischen Idee, der Vernunft, dem Weltgeist, dem Absoluten, oder religiös gesprochen: der Gottheit. Ehe sie die Welt erschaffen, ist sie als Idee zu betrachten, die in sich alle Formen des Seins enthält und sie dialektisch entwickelt; sie schafft sich eine materielle Verkörperung; sie äußert sich vorerst in den Gegenständen der inorganischen Natur, dann in der Pflanze, im Organischen, in dem das Leben erwacht, dann im Tier, in dem die Idee sich zur dämmernden Vernunft steigert, schließlich im Menschen, wo die Vernunft sich zur Gottheit erhebt und zum Selbstbewußtsein und zur Freiheit gelangt. Als selbstbewußter Geist, als Gott, äußert sie sich in der Geschichte der Völker, in Religion, Kunst und Philosophie, in den Einrichtungen der Menschen: in Familie und Recht, bis sie sich im Staate als ihrem letzten und höchsten Zweck verwirklicht.

Der Entfaltungsprozeß der Idee ist demnach das Werden Gottes. Erst im Menschen gelangt die Idee zum Gottbewußtsein.

Es hat wenig Zweck, sich mit der Hegelschen Gott- und Weltschöpfung auseinanderzusetzen. Sie ist nicht nur idealistisch, man hört in ihr auch die Quellen der deutschen Mystik rauschen. Unserer Vernunft ist sie ebenso unbegreiflich wie die biblische; sie steht jenseits der Vernunft.

Seine Verherrlichung des Staates, sein Ausspruch: Was wirklich ist, ist vernünftig, sowie seine hieraus logisch folgende Bekämpfung liberaler Reformbestrebungen stempelten ihn zum Staatsphilosophen des preußischen Absolutismus und weckten gegen ihn die Antipathie des liberalen Bürgertums. Hegel erblickt im Liberalismus nur eine einfache Negation, einen rein zerstörenden Faktor, der den Staat atomisiert, ihn in Einzelwillen auflöst, ihm allen Zusammenhalt, alle Organisationskraft raubt. Er tadelt den Parlamentarismus, denn dieser verlangt, daß „alles durch ihre (der Einzelwillen) ausdrückliche Macht und ausdrückliche Einwilligung geschehen soll ... Der Wille der Vielen stürzt das Ministerium, und die bisherige Opposition tritt nunmehr ein; aber diese, insofern sie jetzt Regierung ist, hat wieder die Vielen gegen sich. So geht die Bewegung und Unruhe fort. Diese Kollision, dieser Knoten, dieses Problem ist es, an dem die Geschichte steht und das sie in künftigen Zeiten zu lösen hat." Man sollte glauben, daß gerade der Parlamentarismus mit seiner Unruhe und Bewegung, seinen Gegensätzen und Oppositionen einen besonderen Reiz für Hegel hätte haben müssen, aber er lehnte ihn nichtsdestoweniger ab. Wie ist dies zu erklären?

Hegels Stellung zum preußischen Staat erklärt sich jedoch aus seinem kräftigen nationalen Empfinden. Er war in hohem Maße nationalpolitisch veranlagt. In seinen jüngeren Jahren sah er die vollständige Auflösung des Deutschen Reiches und beklagte tief den Jammer deutscher Zustände. Er schrieb: „Deutschland ist kein Staat mehr . . ., auch die Kriege, die Deutschland führte, endeten nicht besonders ehrenvoll für dasselbe, es ließ sich Burgund, Elsaß, Lothringen und anderes entreißen; der Westfälische Friede hat häufig für das Palladium Deutschlands gegolten, obgleich die vollkommene Zersplitterung darin noch förmlicher festgesetzt worden ist, als sie früher war; die Deutschen sind dankbar gegen Richelieu gewesen, der ihre Macht zertrümmerte . . ." Hingegen haben die Leistungen Preußens im Siebenjährigen Kriege und in den Befreiungskriegen gegen die Franzosen in ihm die Hoffnung geweckt, daß es dieser Staat sei, der Deutschland retten könne. Diesem Gedanken gab er lebhaften und beredten Ausdruck in seiner Ansprache bei Eröffnung seiner Vorlesungen in Berlin im Oktober 1818, sowie in seiner Vorlesung über Friedrich den Großen. Hegel verwarf deshalb alles, was ihm als eine Schwächung der preußischen Staatsmacht erschien. *Das nationale Gefühl siegte über den Dialektiker.*

Hegels Stellung in der Geschichte des Gedankens beruht jedoch nicht auf seiner Erklärung der Weltschöpfung noch auf seiner Verherrlichung des Staates, sondern auf der dialektischen Methode. Und indem er mittels dieser Methode die weiten Räume der menschlichen Erkenntnis durchforschte, streute er eine erstaunliche Fülle materialistischer und streng wissenschaftlicher Einzelbemerkungen und Anregungen aus, und beseelte seine Schüler und Leser mit einem lebendigen Sinn für Geschichte, für die Entwicklung der Menschheit zum Selbstbewußtsein und zur Freiheit, wodurch sie befähigt wurden, weiter zu forschen und sich von aller Mystik zu befreien. Als Beispiele des materialistischen Einschlags seiner Philosophie dürfen folgende Hinweise gelten: Seine „Philosophie der Geschichte" enthält ein ganzes Kapitel über die geographische Grundlage der Weltgeschichte. Im selben Kapitel führt er — ganz im Gegensatz zu seiner Vergöttlichung des Staates — folgendes aus: „Ein wirklicher Staat und eine wirkliche Staatsregierung entstehen nur, wenn bereits ein Unterschied der Stände da ist, wenn Reichtum und Armut sehr groß werden und ein solches Verhältnis eintritt, daß eine große Menge ihre Bedürfnisse nicht mehr auf eine Weise, wie sie es gewohnt sind, befriedigen kann." Oder man lese seine Erklärung über die Gründung von Kolonien durch die Griechen: „Diese Ausschickung von Kolonien, besonders in dem Zeitraum nach dem Trojanischen Kriege bis auf Cyrus, ist hier eine eigentümliche Erscheinung. Man kann sie also erklären: In den einzelnen Städten hatte das Volk die Regierungsgewalt in Händen, indem es die Staatsangelegenheiten in höchster Instanz entschied. Durch die lange Ruhe nun nahm die Bevölkerung und Entwicklung sehr zu, und ihre nächste Folge war die Anhäufung eines großen *Reichtums,* mit welchem sich zugleich immer die Erscheinung von großer *Not* und *Armut* verbindet. Industrie war in unserem Sinne damals nicht vorhanden, und die Ländereien waren bald besetzt. Trotzdem ließ sich ein Teil der ärmeren Klasse nicht zur Lebensweise der Not herabdrücken, denn jeder fühlte sich als freier Bürger. Das einzige Auskunftsmittel blieb also die Kolonisation." Oder auch folgende Stelle, die das philosophische System erst als Folge und Abbild der reifen Wirklichkeit auffaßt und deshalb alle Zukunftsstaatsmalerei verwirft: „Um noch über das *Belehren,* wie die Welt *sein soll,* ein Wort zu sagen, so kommt dazu ohnehin die Philosophie immer zu spät. Als der Gedanke der Welt erscheint sie erst in der Zeit, *nachdem* die Wirklichkeit ihren Bildungsprozeß vollendet und sich fertig gemacht hat. Dies, was der Begriff lehrt, zeigt notwendig ebenso die Geschichte, daß erst in der Reife der Wirklichkeit das Ideale dem Realen gegenüber erscheint und jenes sich dieselbe Welt, in ihrer Substanz erfaßt, in Gestalt eines intellektuellen Reichs erbaut. Wenn die Philosophie ihr Grau in Grau malt, dann ist eine Gestalt des Lebens alt geworden, und mit Grau in Grau läßt sie sich nicht verjüngen, sondern nur erkennen: Die Eule der Minerva beginnt erst mit der einbrechenden Dämmerung ihren Flug." (Vorrede zur „Philosophie des Rechts".)

Kein Materialist hätte dies besser sagen können: die Eule — das Symbol der Weisheit — beginnt ihren Flug erst am Abend — *nach* dem geschäftigen Treiben der Welt. Also vorerst die Welt, dann das Denken. Vorerst das Sein, dann das Bewußtsein.

Hegel selbst war also ein Beweis für seine Lehre, daß das Gegensätzliche nebeneinanderliegt. Sein Geist barg in sich sowohl Idealismus wie Realismus, aber er hat sie nicht durch seine denkende Vernunft zum Widerspruch zugespitzt, um zu einer höheren Stufe des Denkens zu gelangen. Und da er es als die Aufgabe der Philosophie betrachtete, das Prinzip der Dinge zu erkennen, und es durch das ganze weite Gebiet der Wirklichkeit systematisch und folgerichtig hindurchzuführen, und da er ferner die Idee für das Ursprüngliche und Wesentliche hielt, so blieb er konsequenter Idealist.

3. Bedeutung der Junghegelianer.

Der Konservatismus Hegel, der philosophisch den vormärzlichen preußischen Staat vertrat, vertrug sich jedoch schlecht mit der um das Jahr 1830 begonnenen wirtschaftlichen und geistigen Entwicklung des deutschen Bürgertums. Die Reaktion, die nach den Befreiungskriegen eingesetzt hatte, verlor nach und nach an Autorität. Die Julirevolution in Paris (1830) und die heftigen Kämpfe des englischen Bürgertums um Wahlreform (1830—1832) fanden in den gebildeten Kreisen der deutschen Mittelklassen lebhaften Widerhall. Heinrich Heine, die Spottdrossel im deutschen Literaturwalde, pfiff auf das Deutschland der Heiligen Allianz und der christlich-germanischen Romantik. Die deutsche bürgerliche Jugend las mit Begeisterung die Pariser Briefe Börnes. Gleichzeitig machte sich eine lebhaftere gewerbliche Tätigkeit in den deutschen Städten bemerkbar. Sehr schön schildert Friedrich Albert Lange in seiner „Geschichte des Materialismus" diesen

Zeitabschnitt. Zu Anfang der dreißiger Jahre schossen die Gewerbevereine und ähnliche Gesellschaften wie Pilze aus dem Boden; polytechnische Anstalten, Fortbildungs- und Handelsschulen wurden begründet; Chemie (Liebig) und Physiologie (Johannes Müller), naturwissenschaftliche Forschungen (Alexander von Humboldt) fanden eifrige Pflege; Uebersetzungen naturwissenschaftlicher und ökonomischer Werke aus dem Französischen und Englischen wurden hergestellt; der deutsche Zollverein (1834), der Bau von Eisenbahnen (1835) und Entwicklung des Verkehrswesens wurden gefördert — alle diese Erscheinungen sprechen eine deutliche Sprache, daß das deutsche Bürgertum erwachte, die industrielle Revolution einleitete, an wirtschaftlicher Macht und demgemäß an Klassenbewußtsein und politischen Ambitionen zunahm. Freiheit auf allen Gebieten wurde zur Parole.

Geistig zeigte sich dies in der Abwendung vom Idealismus und Zuwendung zum Realen, Praktischen und Materiellen. Ein Kampf gegen den Idealismus begann, der mit dem Siege des Materialismus endete, wenigstens für einige Jahrzehnte. In diesen Jahren arbeitete Ludwig Feuerbach an der Entgöttlichung der Religion; der leibliche Mensch mit seinem Empfinden und Denken wurde zum Mittelpunkt der Religion und Philosophie. Nicht die Religion macht den Menschen, sondern der Mensch die Religion; das Denken oder das Bewußtsein ist aus dem Sein, aus der sinnlichen Existenz des Menschen zu erklären und nicht das Sein aus dem Denken. Feuerbach schob also einfach den ganzen Hegelianismus beiseite. Sein Zeitgenosse David Friedrich Strauß unterzog die Evangelien einer freimütigen Kritik. Bruno Bauer fuhr sein schweres philosophisches Geschütz gegen die überlieferten christlichen Glaubenssätze auf. Arnold Rüge, der literarische Torwart der Junghegelianer, gründete Zeitschriften. Die Männer, die den philosophischen Befreiungskampf führten, kamen aus der Hegelschen Schule, nur entnahmen sie ihr diejenigen Elemente, die den neuen Idealen entsprachen. Sie waren die Junghegelianer, die sich gegen den preußischen Staat wandten und die bürgerliche Freiheit philosophisch begründeten. Sie leisteten auf philosophischem Gebiete, was die Jung-Deutschen (Gutzkow, Börne, Heine usw.) in der schönen Literatur leisteten: diese erschlugen die Romantik, die mystische Sibylle der Reaktion.

Der Zug zum naturwissenschaftlichen Materialismus, zum freireligiösen Denken, zur Hochschätzung der ökonomischen und technischen Fortschritte, zur nationalen Freiheit und Einheit und Macht war in den dreißiger Jahren deutlich fühlbar.

Alle diese Strömungen trafen den jungen Marx, als er 1836 nach der Berliner Universität kam. Er wurde Junghegelianer und bildete auf sozialökonomischem Gebiete die Dialektik fort. Er hat sie in der Gesellschaftswissenschaft zu höherer Stufe geführt. Hegel hat ihn nicht mehr gekannt. Er wäre vielleicht mutiger oder gar noch betrübter gestorben. Heinrich Heine, der in den dreißiger und vierziger Jahren zu den Hegelianern gehörte, erzählt folgende Anekdote, die, wenn nicht wahr, so doch die außerordentlichen Schwierigkeiten der Lehren des Meisters treffend beleuchtet:

Als Hegel im Sterben lag und seine ihn umgebenden Schüler sahen, daß das Antlitz des Meisters tiefe Sorgenfurchen zog, fragten sie nach der Ursache seiner Trauer und versuchten ihn zu trösten mit dem Hinweis auf die große Zahl der bewundernden Schüler und Anhänger, die er hinterließe. Schwer atmend erwiderte er: „Alle meine Schüler haben mich nicht verstanden, nur Michelet[1] hat mich verstanden, aber" — tief seufzend fügte er hinzu — „auch er hat mich mißverstanden".

---

[1] Michelet war der Herausgeber von Hegels „Geschichte der Philosophie".

I. Marxens Lehrjahre.

1. Eltern und Freunde.

Karl Heinrich Marx erblickte das Licht der Welt in Trier am 5. Mai 1818. Sein Vater, ein aufgeklärter, feinfühlender und menschenfreundlicher Jude, war Jurist; er hatte sich aus den engen Verhältnissen einer deutschen Rabbinerfamilie langsam emporgearbeitet und eine auskömmliche Praxis erlangt; Geld zu machen, hat er nie verstanden. Seine Mutter war eine Holländerin und entstammte einer Rabbinerfamilie Preßburg, die — wie der Name andeutet — aus Preßburg, Ungarn, im 17. Jahrhundert nach Holland ausgewandert war. Sie sprach ein mangelhaftes Deutsch. Marx hinterließ uns einen Ausspruch von ihr: „Wenn der Karell viel Kapital gemacht, statt viel über Kapital zu schreiben, wäre es viel besser." Das Ehepaar Marx hatte mehrere Kinder, von denen nur Karl besondere geistige Begabung zeigte.

Im Jahre 1824 trat die Familie zum Christentum über. Judentaufen waren damals keine Seltenheiten mehr. Die Aufklärung der letzten Hälfte des 18. Jahrhunderts hatte den dogmatischen Glauben vieler gebildeter Juden untergraben, und der darauf folgende Zeitabschnitt „christlich-germanischer" Romantik brachte eine Erstarkung und Poetisierung des Christentums und des nationalen Gedankens, denen die von ihrem Glauben losgelösten Juden sich sowohl aus praktischen wie aus geistigen Gründen nicht entziehen konnten. Sie assimilierten sich vollständig, fühlten und dachten wie die besten ihrer christlichen und deutschen Mitbürger. Marxens Vater fühlte sich als guter Preuße und empfahl einst seinem Sohne, eine Ode großen Stils auf Napoleons Sturz und Preußens Sieg zu dichten. Karl befolgte zwar nicht den Rat des Vaters, aber es blieb ihm aus jener christlich-germanischen Zeit bis an sein Lebensende ein antijüdisches Vorurteil; der Jude war ihm noch hauptsächlich entweder ein Schacherer oder ein Schnorrer.

Karl wurde auf das Gymnasium seiner Vaterstadt geschickt, das er mit gutem Erfolge im Jahre 1835 absolvierte. Die Schule war jedoch nicht die einzige Stätte, wo er seinen Geist bildete. Neben dem Gymnasium besuchte er das Haus des Geheimen Regierungsrats Ludwig v. Westphalen, eines hochgebildeten preußischen Beamten, dessen Lieblingsdichter Homer und Shakespeare waren und der die geistigen Strömungen der Zeit aufmerksam verfolgte. Obwohl er bereits im vorgerückten Alter stand, liebte er es, sich mit dem geweckten Jüngling zu unterhalten und seinen Bildungsgang zu beeinflussen. Marx verehrte ihn als väterlichen Freund, „der jeden Fortschritt der Zeit mit der Begeisterung und Besonnenheit der Wahrheit begrüßt ... und der ein lebendiger Beweis ist, daß der Idealismus keine Einbildung, sondern Wahrheit ist". (Marx, Dissertation, Widmung.)

Nach Absolvierung des Trierer Gymnasiums bezog Karl die Bonner Universität, um nach dem Wunsche seines Vaters Rechtswissenschaft zu studieren. Nach einem Jahre flotten Studentenlebens siedelte er im Herbst 1836 nach der Berliner Universität über, „dem Mittelpunkt aller Geistesbildung und Wahrheit", wie Hegel sie in seiner Antrittsvorlesung (1818) genannt hatte. Vor seiner Abreise nach Berlin verlobte er sich heimlich mit Jenny v. Westphalen, der Tochter seines väterlichen Freundes, die durch Schönheit, Bildung und Charakterstärke gleich ausgezeichnet war.

2. Studentenzeit.

In Berlin stürzte sich Marx auf das Studium der Philosophie, Rechtswissenschaft, Geschichte, Geographie, Literatur, Kunstgeschichte usw. Sein Wahrheitsdrang war faustisch, sein Arbeitsdrang unauslöschlich — man kann in diesen Punkten bei Marx nur Superlative gebrauchen. In einem seiner Gedichte aus jener Zeit sagt er von sich:

> Nimmer kann ich ruhig treiben,
> Was die Seele stark erfaßt,
> Nimmer still behaglich bleiben,
> Und ich stürme ohne Rast.
> Alles möcht' ich mir erringen,
> Jede schönste Göttergunst,
> Und im Wissen wagend dringen
> Und erfassen Sang und Kunst.

Tag und Nacht in seine Arbeiten versunken, vernachlässigte er allen gesellschaftlichen Umgang; er machte Auszüge, übersetzte aus dem Griechischen und Lateinischen, verarbeitete philosophische Systeme, schrieb eine erhebliche Anzahl von Bogen eigener Gedanken, philosophischer und rechtswissenschaftlicher Entwürfe, schließlich drei Bände Gedichte. *Das Jahr 1837 war eines der Krisenjahre im Geistesleben von Marx* — ein Jahr wogender Gärung und inneren Ringens, in dem er endlich den ersten Ruhepunkt fand: die Hegelsche Dialektik. Es war die erste Abkehr vom abstrakten Idealismus und der erste Schritt zur Wirklichkeit, obwohl Marx damals glaubte, daß Hegel schon die Wirklichkeit bedeutet. In einem längeren Schreiben, einem wahren menschlichen Dokument, vom 10. November (1837) legte er seinem Vater Rechenschaft ab von der intensiven Tätigkeit in jener merkwürdigen Zeit seines noch so jungen Lebens, den ersten zwei Semestern seiner Berliner Universitätszeit. In seinen wichtigsten Teilen lautet der Brief wie folgt:

„Teurer Vater! Es gibt Lebensmomente, die wie Grenzmarken hinter eine abgelaufene Zeit sich stellen, aber zugleich auf eine neue Richtung mit Bestimmtheit hinweisen. In solch einem Uebergangspunkt fühlen wir uns gedrungen, mit dem Adlerauge des Gedankens das Vergangene und Gegenwärtige zu betrachten, um so zum Bewußtsein unserer wirklichen Stellung zu gelangen. Ja, die Weltgeschichte selbst liebt solches Rückschauen und besieht sich, was ihr dann oft den Schein des Rückgehens und Stillstandes aufdrückt, während sie doch nur in den Lehnstuhl sich wirft, sich zu begreifen, ihre eigene, des Geistes Tat geistig zu durchdringen.

Der einzelne aber wird in solchen Augenblicken lyrisch, denn jede Metamorphose (Verwandlung) ist teils Schwanengesang, teils Ouvertüre (Eröffnung) eines großen neuen Gedichts, das in

noch verschwimmenden, glanzreichen Farben Haltung zu gewinnen strebt; und dennoch möchten wir ein Denkmal setzen dem einmal Durchlebten, es soll in der Empfindung den Platz wieder gewinnen, den es für das Handeln verloren, und wo fände es eine heiligere Stätte, als an dem Herzen von Eltern ...!
... Wenn ich also jetzt am Schlusse eines hier verlebten Jahres einen Blick auf die Zustände desselben zurückwerfe und so, mein teurer Vater, Deinen so lieben, lieben Brief von Ems beantworte, so sei es mir erlaubt, meine Verhältnisse zu beschauen, wie ich das Leben überhaupt betrachte, als den Ausdruck eines geistigen Tuns, das nach allen Seiten hin, in Wissen, Kunst, Privatlagen dann Gestalt ausschlägt ... In Berlin angekommen, brach ich alle bis dahin bestandenen Verbindungen ab, machte mit Unlust seltene Besuche und suchte in Wissenschaft und Kunst zu versinken ... Nach der damaligen Geisteslage mußte notwendig lyrische Poesie der erste Vorwurf, wenigstens der angenehmste, nächstliegende sein; aber, wie meine Stellung und ganze bisherige Entwicklung es mit sich brachten, war sie rein idealistisch ... Ich mußte sodann Jurisprudenz studieren und fühlte vor allem den Drang, mit der Philosophie zu ringen. Beides wurde so verbunden, daß ich teils (die Rechtslehrer) Heineccius, Thibaut und die Quellen rein unkritisch, nur schülerhaft durchnahm, so z. B. die zwei ersten Pandektenbücher (aus dem Lateinischen) ins Deutsche übersetzte, teils eine Rechtsphilosophie durch das Gebiet des Rechts durchzuführen suchte. Als Einleitung schickte ich einige metaphysische Sätze voran und führte dieses unglückliche Opus (Werk) bis zum öffentlichen Rechte, eine Arbeit von beinahe 300 Bogen (Schreibebogen).

Vor allem trat hier derselbe Gegensatz des Wirklichen und Sollenden, der dem Idealismus eigen ist, sehr störend hervor. Zuerst kam die von mir gnädig so getaufte Metaphysik des Rechts, d. h. Grundsätze, Reflexionen, Begriffsbestimmungen, getrennt von allem wirklichen Recht und jeder wirklichen Form des Rechts. Dabei war die unwissenschaftliche Form des mathematischen Dogmatismus, wo das Subjekt an der Sache umherläuft, hin und her räsoniert, ohne daß die Sache selbst als reich Entfaltendes, Lebendiges sich gestaltete, von vornherein ein Hindernis, das Wahre zu begreifen. Das Dreieck läßt den Mathematiker konstruieren und beweisen, es bleibt bloße Vorstellung im Raume, es entwickelt sich zu nichts weiterem, man muß es neben anderes bringen, dann nimmt es andere Stellungen ein und dieses verschieden an dasselbe Gebrachte gibt ihm verschiedene Verhältnisse und Wahrheiten. Dagegen im konkreten Ausdruck lebendiger Gedankenwelt, wie es das Recht, der Staat, die Natur, die ganze Philosophie ist, hier muß das Objekt selbst in seiner Entwicklung belauscht (werden) . . . die Vernunft des Dinges selbst muß als in sich Widerstreitendes fortrollen und in sich seine Einheit finden."

Hier entdeckten wir die erste Spur der Hegelschen Dialektik bei Marx. Wir sehen den Gegensatz zwischen den starren geometrischen Formen und dem nach Entfaltung drängenden Leben, den gesellschaftlichen Formen und Einrichtungen der Menschen. Marx hatte sich gegen die Einflüsse der Hegelschen Philosophie zäh gewehrt; er hatte sie geradezu gehaßt und war bestrebt gewesen, dem Idealismus treu anzuhängen, aber schließlich geriet er doch unter den Zauber des Entwicklungsgedankens, wie dieser damals in der Form der Hegelschen Spekulation in Deutschland bekannt war.

Marx berichtete sodann des längeren über seine Rechtsstudien sowie über seine Dichtungen und führt weiter aus:

„Daß bei diesen mancherlei Beschäftigungen das erste Semester hindurch viele Nächte durchwacht, viele Kämpfe durchstritten, viele innere und äußere Aufregung erduldet werden mußten, daß ich am Schlusse doch nicht sehr bereichert hinaustrat und dabei Natur, Kunst, Welt vernachlässigt, Freude abgestoßen hatte, diese Reflexion schien mein Körper zu machen; ein Arzt riet mir das Land und so kam ich zum ersten Male durch die ganze lange Stadt vor das Tor nach Stralau . . . Von dem Idealismus, den ich . . . so lange genährt, geriet ich dazu, im Wirklichen selbst die Idee zu suchen. Hatten die Götter früher über der Erde gewohnt, so waren sie jetzt das Zentrum derselben geworden.

Ich hatte Fragmente der Hegelschen Philosophie gelesen, deren groteske Felsenmelodie mir nicht behagte. Noch einmal wollte ich hinabtauchen in das Meer, aber mit der bestimmten Absicht, die geistige Natur ebenso notwendig, konkret und festgerundet zu finden, wie die körperliche, nicht mehr Fechterkünste zu üben, sondern die reine Perle ans Sonnenlicht zu halten.

Ich schrieb einen Dialog von ungefähr vierundzwanzig Bogen: „Kleantes oder vom Ausgangspunkt und notwendigen Fortgang der Philosophie". Hier vereinte sich einigermaßen Kunst und Wissen, die ganz auseinandergegangen waren, und ein rüstiger Wanderer schritt ich ans Werk selbst, an eine philosophisch-dialektische Entwicklung der Gottheit, wie sie als Begriff an sich, als Religion, als Natur, als Geschichte sich manifestiert. Mein letzter Satz war der Anfang des Hegelschen Systems, und diese Arbeit, wozu ich mit Naturwissenschaft, Schelling, Geschichte einigermaßen mich bekannt gemacht, die mir unendliches Kopfzerbrechen verursacht ... trägt mich wie eine falsche Sirene dem Feind in die Arme.

Aus Verdruß über Jennys Krankheit und meine vergeblichen, untergegangenen Geistesarbeiten, aus zehrendem Aerger, eine mir verhaßte Ansicht zu meinem Idol machen zu müssen, wurde ich krank, wie ich schon früher Dir, teurer Vater, geschrieben. Wiederhergestellt, verbrannte ich alle Gedichte und Anlagen zu Novellen usw., in dem Wahne, ich könne ganz davon ablassen, wovon ich bis jetzt allerdings noch keine Gegenbeweise geliefert.

Während meines Unwohlseins hatte ich Hegel von Anfang bis Ende, samt den meisten seiner Schüler kennen gelernt. Durch mehrere Zusammenkünfte mit Freunden in Stralau geriet ich in einen Doktorklub, worunter einige Privatdozenten und mein intimster der Berliner Freunde, Dr. Rutenberg. Hier im Streite offenbarte sich manche widerstrebende Ansicht, und immer fester kettete ich mich selbst an die jetzige Weltphilosophie, der ich zu entrinnen gedacht; aber alles Klangreiche war verstummt, eine wahre Ironiewut befiel mich, wie es wohl leicht nach soviel Negiertem geschehen konnte." ... („Neue Zeit", 16. Jahrgang, 1. Band, Nr. 1.)

Der Vater war von diesem Schreiben nichts weniger als erfreut. Er warf Karl Ziellosigkeit und Zerrissenheit vor. Er hatte von seinen Berliner Studien etwas anderes erwartet, als Ungetüme gebären und zerstören. Er hatte geglaubt, Karl würde vor allem auf seine künftige Karriere Bedacht nehmen, seine Fachkollegien fleißig hören, Besuche bei hochgestellten Persönlichkeiten machen, mit seinem Gelde sparsam umgehen und alle philosophischen Extravaganzen beiseite lassen. Er wies ihn auf Kollegen hin, die ruhig ihre Vorlesungen besuchen und ihre Zukunft im Auge haben:

„Zwar schlafen diese jungen Leute ganz ruhig, außer wenn sie zuweilen eine halbe oder ganze Nacht dem Vergnügen weihen, während mein tüchtiger talentvoller Karl elende Nächte durchwacht, seinen Geist und Körper ermattet in ernsthaftem Studium, sich aller Vergnügungen entschlägt, um in der Tat abstrakten gediegenen Studien obzuliegen; aber was er heute baut, zerstört er morgen, und am Ende hat er das Seinige zerstört und das Fremde sich nicht zugeeignet. Am Ende wird der Körper siech und der Geist verwirrt, während die gemeinen Leutchen so ungestört fortschleichen und zuweilen besser, wenigstens bequemer, zum Ziele gelangen, als jene, welche ihre Jugendfreuden verschmähen und ihre Gesundheit zerstören, um den Schatten der Gelehrsamkeit zu erhaschen, den sie wahrscheinlich in einer Stunde geselligen Verkehrs mit kompetenten Männern besser gebannt hätten und das gesellige Vergnügen noch in den Kauf!"

Trotz der unbegrenzten Liebe zu seinem Vater konnte Marx die nunmehr eingeschlagene Richtung nicht verlassen. Tiefer veranlagte Geister, die nach dem Verlust ihrer religiösen Anschauungen das Glück haben, wieder zu einer einheitlichen philosophischen oder wissenschaftlichen Weltanschauung zu gelangen, schrecken vor einem Konflikt zwischen Liebe zu den Eltern und dem Festhalten an neueren Ueberzeugungen nicht leicht zurück. Auch die Aussichten auf eine glänzende Beamtenlaufbahn lockten ihn nicht. Sein Kampftemperament ließ überhaupt eine solche gar nicht zu. Er dichtete:

> Darum laßt uns alles wagen,
> Nimmer rasten, nimmer ruhn,
> Nur nicht dumpf so gar nichts sagen,
> Und so gar nichts woll'n und tun.
> Nur nicht brütend hingegangen
> Aengstlich in dem niedern Joch,
> Denn das Sehnen und Verlangen
> Und die Tat, sie blieb uns doch.

Der Aufenthalt in Stralau hatte die günstigsten Wirkungen auf seine Gesundheit. Rüstig arbeitete er an seinen neugewonnenen philosophischen Ueberzeugungen, wobei ihm der Verkehr mit den Mitgliedern des Doktorklubs gut zustatten kam, insbesondere der mit dem Dozenten der Theologie Bruno Bauer und dem Gymnasiallehrer Friedrich Köppen, die trotz des Unterschieds des Alters und der Stellung ihn wie einen ihnen Ebenbürtigen behandelten. Marx gab den Gedanken einer Beamtenkarriere auf und gedachte, eine Dozentur an irgendeiner Universität zu erlangen. Der Vater versöhnte sich mit den neuen Studien und Bestrebungen seines Sohnes; es war ihm jedoch nicht beschieden, sich an dessen weiterem Wirken zu erfreuen. Nach kurzer Krankheit starb er im Mai 1838 im Alter von 56 Jahren.

Marx gab sodann vollständig das Studium der Rechtswissenschaft auf, arbeitete desto fleißiger an der Vervollständigung seines philosophischen Wissens und bereitete sich auf sein Doktorexamen vor, um — auf Drängen Bruno Bauers — sich so rasch als möglich an der Bonner Universität als Privatdozent der Philosophie habilitieren zu können. Bauer selber hoffte auf eine Professur der Theologie in Bonn, nachdem er in Berlin vom Jahre 1834 bis 1839 und in Bonn im Jahre 1840 als Dozent gewirkt hatte. Marx schrieb eine Dissertation über die demokritische und epikureische Naturphilosophie und wurde in Jena (1841) zum Doktor der Philosophie promoviert. Er siedelte sodann zu seinem Freunde Bauer nach Bonn über, wo er seine Meisterjahre zu beginnen gedachte. Seine Hoffnungen waren indes bald zerronnen. Preußische Universitäten waren damals keine Stätte für freie Forscher. Auch Bauer wurde es nicht möglich, zu einer Professur zu gelangen; um so weniger durfte Marx, der viel ungestümer in der Aeußerung seiner Meinungen war, auf eine akademische Laufbahn rechnen. Der einzige Ausweg aus der Sackgasse war die freie Schriftstellerei. Und zu dieser bot sich ihm bald die Gelegenheit.

3. Eintritt ins Leben.

Marx trat ins Leben ein mit einem gründlichen philosophischen Wissen und einem unbezwingbaren Drange, am Kampfe für die geistige Befreiung Deutschlands teilzunehmen. Unter geistiger Befreiung verstand er zunächst religiöse Befreiung und politischen Liberalismus. Auch über das zu gebrauchende Werkzeug war er sich klar: es war die Kritik. Die kritische Waffe soll das unwirklich und unvernünftig gewordene Positive und Starre auflösen, um hierdurch das Denken und das Sein wieder in lebendigen Fluß zu bringen oder wie Marx sich im Jahre 1844 ausdrückt: „die versteinerten Zustände zum Tanzen zu bringen und ihnen ihre eigene Melodie vorzusingen". Ihre eigene Melodie — d. h. die Dialektik. Kritik war überhaupt die Waffe der Junghegelianer. Kritik ist Negation, die die vorhandenen Zustände und herrschenden Lehren aufhebt und freie Bahn dem Leben schafft. Nicht Aufbau neuer Lehrsätze und neuer Dogmen, sondern Auflösung der alten Dogmen bildete die Aufgabe der Junghegelianer. Denn versteht man die Dialektik richtig, so ist Kritik oder Negation die beste positive Arbeit. Kritik äußert sich vor allem durch Polemik, oder wörtlich genommen: Kriegführung — rücksichtslosen Krieg gegen das Unwirkliche zum Zwecke der Aufrüttelung der Zeitgenossen.

Nachdem Marx alle Hoffnung auf eine akademische Laufbahn aufgegeben hatte, blieb ihm, wie gesagt, kein anderes Arbeitsfeld übrig als die Schriftstellerei. Seine materiellen Verhältnisse zwangen ihn übrigens, so rasch als möglich an die Gründung einer eigenen Existenz zu denken. Gerade um diese Zeit faßten rheinische Liberale den Plan, eine Zeitung ins Leben zu rufen, die zur Aufgabe hatte, freiheitlicheren Zuständen vorzuarbeiten. Die nötigen Geldmittel waren bald beschafft. Als Redakteure und Mitarbeiter wurden bezeichnenderweise Junghegelianer in Aussicht genommen. Am 1. Januar 1842 erschien in Köln a. Rh. die erste Nummer der „Rheinischen Zeitung". Der leitende Redakteur war Dr. Rutenberg, ein intimer Freund von Marx aus der Berliner Studentenzeit. Auch Marx wurde eingeladen, aus Bonn mitzuarbeiten. Er folgte der Einladung und seine Aufsätze lenkten auf ihn die Aufmerksamkeit Arnold Ruges, der ihn ebenfalls aufforderte, an seinen literarischen Unternehmungen zusammen mit Feuerbach, Bauer, Moses Heß usw. mitzuschaffen. Auch bei den Lesern der „Rheinischen Zeitung" fanden Marxens Aufsätze große Anerkennung, so daß er im Oktober 1842, als Rutenberg von seinem Posten zurücktrat, zum leitenden Redakteur der „Rheinischen Zeitung" berufen wurde. In seiner neuen Stellung hatte er sich mit einer Reihe von wirtschaftlichen und politischen Fragen zu beschäftigen, die wohl einem minder gründlichen Schriftsteller wenig Kopfzerbrechen verursacht hätten, Marxen aber die Notwendigkeit zeigten, sich eingehend mit Volkswirtschaft und Sozialismus zu beschäftigen. Im Oktober 1842 tagte in

Straßburg ein Kongreß von französischen und deutschen Gelehrten, die auch über die Theorien des französischen Sozialismus diskutierten. Ebenso tauchten im Rheinlande Grund- und Boden- und Steuerfragen auf, die redaktionell behandelt werden mußten, aber durch philosophisches Wissen allein nicht zu beantworten waren. Zudem machte die Zensur dem mit kritischer Schärfe geleiteten Blatte das Leben sauer und gestattete der Redaktion nicht, ihre eigentliche Aufgabe zu erfüllen. Eine kurze Schilderung seiner Redaktionszeit gibt Marx im Vorwort seines Buches: „Zur Kritik der politischen Oekonomie" (1859):

„Im Jahre 1842—43, als Redakteur der „Rheinischen Zeitung", kam ich zuerst in die Verlegenheit, über sogenannte materielle Interessen mitsprechen zu müssen. Die Verhandlungen des Rheinischen Landtags über Holzdiebstahl und Parzellierung des Grundeigentums ... über die Moselbauern ... Debatten endlich über Freihandel und Schutzzoll, gaben die ersten Anlässe zu meiner Beschäftigung mit ökonomischen Fragen. Anderseits hatte zu jener Zeit ... ein schwach philosophisch gefärbtes Echo des französischen Sozialismus und Kommunismus sich in der „Rheinischen Zeitung" hörbar gemacht. Ich erklärte mich gegen jede Stümperei, gestand aber zugleich, ... daß meine bisherigen Studien mir nicht erlaubten, irgendein Urteil über den Inhalt der französischen Richtungen selbst zu wagen. Ich ergriff vielmehr begierig die Illusion der Geranten der „Rheinischen Zeitung", die durch schwächere Haltung des Blattes das über es gefällte Todesurteil rückgängig machen zu können glaubten, um mich von der öffentlichen Bühne in die Studierstube zurückzuziehen."

Das geistige Bedürfnis also, volkswirtschaftliche und sozialistische Studien zu machen, sowie der Drang nach freier, ungehemmter Betätigung veranlaßten Marx, von seinem Redaktionsposten zurückzutreten, obwohl er knapp vor der Eheschließung stand und für einen eigenen Haushalt sorgen mußte. Aber er war von Anfang an entschlossen, seine materielle Existenz seinem geistigen Streben zu unterordnen.

II. Das Werden des Marxismus.

1. Deutsch-Französische Jahrbücher.

Das Jahr 1843/44 ist das zweite und wahrscheinlich wichtigste Krisenjahr im Geistesleben von Marx. Im Jahre 1837 wurde er Hegelianer und in den folgenden zwei Jahren vertiefte er das von ihm gewonnene Ergebnis; im Jahre 1843/44 wurde er Sozialist und in den folgenden zwei Jahren legte er die Fundamente zu seiner nach ihm benannten sozialistischen und geschichtlichen Lehre. Wie und durch welche Studien er zum Sozialismus gekommen, ist nicht bekannt. Nur soviel darf gesagt werden, daß er im Sommer 1843 ebenso intensiv mit dem Lesen der französischen sozialistischen Literatur beschäftigt gewesen sein muß, wie im Jahre 1837 mit Hegel. In seinen aus dem Jahre 1843 stammenden Briefen an Arnold Ruge (abgedruckt in den Deutsch-Französischen Jahrbüchern) finden sich einige Stellen, die seine plötzliche Wandlung bezeugen. In seinem Briefe aus Köln (Mai 1843) bemerkt er: „Das System des Erwerbs und des Handels, des Besitzes und der Ausbeutung des Menschen führt aber noch viel schneller, als die Vermehrung der Bevölkerung, zu einem Bruch innerhalb der jetzigen Gesellschaft, den das alte System nicht zu heilen vermag, weil es überhaupt nicht heilt und schafft, sondern nur existiert und genießt." Das ist noch sentimental und nichts weniger als dialektische Kritik. In den folgenden Monaten reifte er jedoch überraschend schnell zu dem Grundgedanken jener geschichtlichen und gesellschaftlichen Anschauung heran, die später als Marxismus bekannt wurde und die er in rastloser Schaffensfreudigkeit in den Jahren 1845/46 fast vollständig ausbaute. In seinem Briefe aus Kreuznach, September 1843, zeigt er bereits Bekanntschaft mit Fourier, Proudhon, Cabet, Weitling usw. und erblickt seine Aufgabe nicht in der Aufrichtung von Utopien, sondern in der Kritik der politischen und sozialen Zustände, „in der Selbstverständigung der Zeit über ihre Kämpfe und Wünsche". Und im Winter 1843/44 ist er bereits so weit, daß er die Einleitung zur Kritik der Hegelschen Rechtsphilosophie schreiben konnte, die zu den kühnsten und glänzendsten seiner Aufsätze gehört. Er beschäftigt sich mit der Frage einer deutschen Revolution und fragt, welche Klasse es sei, die die deutsche Befreiung herbeiführen könnte. Er antwortet: „Die positive Möglichkeit der deutschen Revolution und Befreiung ist gegeben in der Bildung einer Klasse mit radikalen Ketten, einer Klasse der bürgerlichen Gesellschaft, welche keine Klasse der bürgerlichen Gesellschaft ist, eines Standes, welche die Auflösung aller Stände ist... Diese Auflösung der Gesellschaft als ein besonderer Stand ist das Proletariat. Es beginnt erst durch die hereinbrechende industrielle Bewegung für Deutschland zu werden, denn nicht die naturwüchsig entstandene, sondern die künstlich produzierte Armut, nicht durch die mechanisch, durch die Schwere der Gesellschaft niedergedrückte, sondern die aus ihrer akuten Auflösung, vorzugsweise aus der Auflösung des Mittelstandes hervorgehende Menschenmasse, bildet das Proletariat... Wenn das Proletariat die Auflösung der bisherigen Weltordnung verkündet, so spricht es nur das Geheimnis eines eigenen Daseins aus, denn es ist die faktische Auflösung dieser Weltordnung. Wenn das Proletariat die Negation des Privateigentums verlangt, so erhebt es nur zum Prinzip der Gesellschaft, was in ihm als negatives Resultat der Gesellschaft schon ohne sein Zutun verkörpert ist..."

Marx schrieb dies in Paris, wohin er im Oktober 1843 mit seiner jungen Frau übergesiedelt war, um die von Arnold Ruge gegründeten „Deutsch-Französischen Jahrbücher" zu leiten. Das Programm dieser Zeitschrift faßte Marx in seinem aus Kreuznach im September 1843 an Ruge gerichteten Brief wie folgt zusammen: „Ist die Konstruktion der Zukunft und das Fertigwerden für alle Zeiten nicht unsere Sache, so ist desto gewisser, was wir gegenseitig zu vollbringen haben, ich meine die rücksichtslose Kritik alles Bestehenden, rücksichtslos sowohl in dem Sinne, daß die Kritik sich nicht vor ihren Resultaten fürchtet und ebensowenig vor dem Konflikt mit den vorhandenen Mächten. Ich bin daher nicht dafür, daß wir eine dogmatische Fahne aufpflanzen, im Gegenteil: Wir müssen den Dogmatikern nachzuhelfen suchen, daß sie ihre Sätze sich klar machen. So ist namentlich der Kommunismus, wie ihn Cabet, Dezamy, Weitling usw. lehren, eine dogmatische Abstraktion ... Außerdem wollen wir auf unsere Zeitgenossen wirken, und zwar auf unsere deutschen Zeitgenossen. Es fragt sich, wie ist das anzustellen? Zweierlei Fakta lassen sich nicht ableugnen. Einmal die Religion, dann die Politik sind Gegenstände, welche das Hauptinteresse des jetzigen Deutschlands bilden ... Was nun das wirkliche Leben betrifft, so enthält gerade der politische Staat, auch wo er von den sozialistischen Forderungen noch nicht bewußterweise erfüllt ist, in allen seinen modernen Formen die Forderungen der Vernunft. Und er bleibt dabei nicht stehen. Er unterstellt überall die Vernunft als realisiert. Er gerät aber ebenso überall in den Widerspruch seiner ideellen Bestimmung mit seinen realen Voraussetzungen. Aus diesem Konflikt des politischen Staates mit sich selbst läßt sich daher überall die soziale Wahrheit entwickeln."

Ohne Zweifel. Die Hegelsche Anschauung vom Staate als die Verkörperung der Vernunft und der Sittlichkeit stimmte schlecht mit den Zuständen und Leistungen des wirklichen Staates. Und Marx bemerkt weiter, der politische Staat drücke in seiner Geschichte alle sozialen Kämpfe, Bedürfnisse und Wahrheiten aus. Es ist also nicht wahr, daß die Behandlung der politischen Fragen unter der Würde von Sozialisten sei, wie dies die französischen und englischen Utopisten dachten. Eine derartige Arbeit führt vielmehr in die Parteikämpfe ein und von der Abstraktion hinweg. „Wir treten dann nicht der Welt doktrinär mit einem neuen Prinzip entgegen: Hier ist die Wahrheit, hier knie nieder! Wir sagen ihr nicht: Laß ab von deinen Kämpfen, sie sind dummes Zeug! Wir zeigen ihr nur, warum sie eigentlich kämpft, und das Bewußtsein ist eine Sache, die sie sich aneignen muß, auch wenn sie nicht will.

Das ist durch und durch dialektisch gedacht. Der Denker stellte keine neuen Probleme, bringt keine abstrakten Lehrsätze (Dogmen) hervor, sondern weckt das Verständnis für das Werden der Gegenwart aus der Vergangenheit und er beseelt die politischen und sozialen Kämpfer mit dem Bewußtsein ihres Tuns.

2. Freundschaft mit Friedrich Engels.

Von den Deutsch-Französischen Jahrbüchern ist nur ein Heft erschienen (Frühjahr 1844). Neben Marxens Beiträgen (Einleitung zur Kritik der Hegelschen Rechtsphilosophie und Kritik von Bauers Judenfrage) enthält das Heft eine umfangreiche Abhandlung „Umrisse zu einer Kritik der Nationalökonomie" aus der Feder von Friedrich Engels (geb. in Barmen 1820, gest. in London 1895), der damals in Manchester wohnte. Im September 1844 kam Engels nach Paris, um Marx zu besuchen. Dieser Besuch war der Anfang der lebenslangen innigen Freundschaft zwischen den beiden Männern, die ohne ein enges Zusammenarbeiten nicht das hätten leisten können, was sie wirklich geleistet haben.

Marx war ein genialer Theoretiker, ein Herrscher im Reiche des Gedankens, aber im gewöhnlichen Leben ganz unpraktisch. Hätte er ein festes lebenslängliches Einkommen gehabt, er würde wahrscheinlich auch ohne Engels fertig geworden sein. Andererseits war Engels ein hervorragend tüchtiger, leistungsfähiger und sehr gebildeter Mann, eminent praktisch und erfolgreich in allem, was er anfaßte, aber ohne jene theoretische Begabung, die geistige Krisen überwindet und neue Gesichtskreise eröffnet. Ohne die geistige Zusammenarbeit mit Marx wäre Engels höchstwahrscheinlich nur ein Moses Heß geblieben. Marx war nie Utopist; die vollkommene Durchdringung seines Geistes mit der Hegelschen Dialektik machte ihn immun gegen alle ewigen Wahrheiten und endgültigen sozialen Gebilde. Hingegen war Engels bis zum Jahre 1844 Utopist — bis Marx ihm die

FRIEDRICH ENGELS

Bedeutung der politischen und sozialen Kämpfe, die Grundlage und die Triebkräfte, die Statik und Dynamik der Geschichte der zivilisierten Menschheit erklärte. Engels' Kritik der Nationalökonomie ist für einen 23jährigen Schriftsteller und Handelsjünger eine sehr bedeutende Leistung, aber sie ragt nicht über das Niveau Owens, Fouriers und Proudhons hinaus. Engels' Beiträge für Owens „New Moral World" (1843/44) sind gewiß philosophischer als die sonstigen Artikel der Oweniten, aber inhaltlich ist kein Unterschied zwischen ihnen zu entdecken. „Das System der ökonomischen Widersprüche", an dem Proudhon arbeitete, als Engels seine Umrisse veröffentlichte, deckt sich, soweit die kritische Seite in Betracht kommt, mit dem Gedankengange von Engels. Beide suchten die Widersprüche des bürgerlichen Wirtschaftssystems aufzudecken, nicht um in ihnen den Springquell der Fortentwicklung der Gesellschaft zu entdecken, sondern um sie im Namen der Gerechtigkeit zu verurteilen. Während die Oweniten ihr System für vollkommen hielten, waren Proudhon und Engels unabhängig voneinander bemüht, aus den sozialistischen Utopien herauszukommen. Proudhon wurde Anarchist und fand sein Heil in dem Plane autonomer Wirtschaftsgruppen, die miteinander einen gerechten Austausch ihrer Arbeitswerte treiben. Engels hingegen fand die Lösung bei Marx und belohnte sie ihm mit einer lebenslangen aufopfernden Freundschaft, die Marxens Rettungsanker wurde. Ohne die journalistische und finanzielle Hilfe von Engels wäre Marx bei seinem unpraktischen, unbeholfenen und zugleich stolzen, unbeugsamen Wesen im Exil höchstwahrscheinlich umgekommen.

3. Polemik gegen Bauer und Ruge.

Nach dem Eingehen der Deutsch-Französischen Jahrbücher studierte Marx, in Erkenntnis der Wichtigkeit der Oekonomie, englische und französische Volkswirtschaft mit noch größerem Eifer als vorher und setzte seine sozialistischen und geschichtlichen Forschungen mit merkwürdiger Zielsicherheit fort. Kein Zaudern und kein Schwanken mehr. Er wußte bereits genau, was er wollte. Den ideologisch-junghegelianischen Zeitabschnitt hatte er hinter sich, und es drängte ihn, wie im Herbst 1837, vom neuen Standpunkte aus einen Rück- und Ausblick zu werfen. Eine derartige Umschau ist die „Heilige Familie", die im Herbst 1844 entstand und zu der auch Engels einen kleinen Beitrag lieferte. Sie ist eine Abrechnung mit seinem früheren Lehrer und Freund Bruno Bauer und dessen Bruder Edgar, die sich von Hegel nicht loslösen konnten. Das Buch bezweckte, die Junghegelianer auf die Bahn der sozialen Kritik zu drängen, sie vorwärtszutreiben, sie nicht im abstrakten Denken verknöchern zu lassen. Es ist keine leichte Lektüre. Marx hat hierin sein damaliges philosophisches, geschichtliches, ökonomisches und sozialistisches Wissen in gedrängter und scharf zugespitzter Form verarbeitet. Neben der ausgezeichneten Skizze des englisch-französischen Materialismus, die auch den Zusammenhang zwischen diesem und dem englischen und französischen Sozialismus in einigen kurzen, aber sehr inhaltreichen Sätzen aufdeckt, enthält die „Heilige Familie" die Keime der materialistischen Geschichtsauffassung, sowie den ersten Versuch, den Klassenkampf zwischen Kapital und Proletariat sozialrevolutionär zu fassen. In unserer Einleitung (2. Hegels Leistung, Seite 18) haben wir einiges daraus wiedergegeben. Und gegen die Bauersche Geschichtsideologie sagt Marx: „Oder glaubt sie in der Erkenntnis der geschichtlichen Wirklichkeit auch nur zum Anfang gekommen zu sein, solange sie die Naturwissenschaft und die Industrie aus der geschichtlichen Bewegung ausschließt? Oder meinte sie, irgendeine Periode in der Tat schon erkannt zu haben, ohne z. B. die Industrie dieser Periode, die unmittelbare Produktionsweise des Lebens selbst erkannt zu haben? ... Wie sie (die Bauersche Ideologie) das Denken von den Sinnen, die Seele vom Leibe, sich selbst von der Welt trennt, so trennt sie Geschichte von der Naturwissenschaft und Industrie, so sieht sie nicht in der grob-materiellen Produktion auf der Erde, sondern in der dunstigen Wolkenbildung am Himmel die Geburtsstätte der Geschichte" (Nachlaß, 2. Band, Seite 259/60). Bruno Bauer, der an die weltbewegende Macht der Idee glaubte, aber der Masse jegliches Können aberkannte, schrieb: „Alle großen Aktionen der bisherigen Geschichte waren deshalb von vornherein verfehlt und ohne eingreifenden

Erfolg, weil die Masse sich für sie interessiert und begeistert hatte — oder sie mußten ein klägliches Ende nehmen, weil die Idee, um die es sich in ihnen handelte, von der Art war, daß sie sich mit einer oberflächlichen Auffassung begnügen, also auch auf den Beifall der Massen rechnen mußte." Hierauf antwortete Marx: Die großen geschichtlichen Aktionen waren immer von Masseninteressen geleitet, und nur insofern sie die Interessen vertraten, vermochten die Ideen sich in den Aktionen durchzusetzen; sonst konnten die Ideen wohl Begeisterung wecken, aber keine Erfolge erzielen. „Die Idee blamierte sich immer, soweit sie vom Interesse unterschieden war. Andererseits ist es leicht zu begreifen, daß jedes massenhafte, geschichtlich sich durchsetzende Interesse, wenn es zuerst die Weltbühne betritt, in der Idee oder Vorstellung weit über seine wirklichen Schranken hinausgeht und sich mit dem menschlichen Interesse schlechthin verwechselt." So hat die Idee der Französischen Revolution nicht nur die Bourgeoisie ergriffen, in deren Interesse sie sich in großen Aktionen verwirklichte, sondern sie hat auch die arbeitenden Massen begeistert, für deren Lebensbedingungen sie nichts tun konnte. In der bisherigen Geschichte haben also Ideen durchgreifende Erfolge gehabt, soweit sie Klasseninteressen entsprachen. Die Begeisterung, die derartige Ideen auch bei anderen Klassen auslösten, entsprang der Illusion, daß diese Ideen die allgemein menschliche Befreiung bedeuteten. (Nachlaß, 2. Band, Seite 181—183.)

Im August 1844 veröffentlicht Marx im Pariser „Vorwärts" unter der Ueberschrift „Kritische Randglossen" eine längere Polemik gegen Ruge, die eine Verteidigung des Sozialismus und der Revolution ist und insbesondere das deutsche Proletariat gegen Ruge in Schutz nimmt: „Was den Bildungsstand oder die Bildungsfähigkeit der deutschen Arbeiter im allgemeinen betrifft, so erinnere ich an Weitlings geniale Schriften, die in theoretischer Hinsicht oft selbst über Proudhon hinausgehen, so sehr sie in der Ausführung nachstehen. Wo hätte die Bourgeoisie — ihre Philosophen und Schriftgelehrten eingerechnet — ein ähnliches Werk wie Weitlings Garantien der Harmonie und Freiheit in bezug auf die Emanzipation — aufzuweisen? Vergleicht man die nüchterne kleinlaute Mittelmäßigkeit der deutschen politischen Literatur mit diesem maßlosen und brillanten literarischen Debut der deutschen Arbeiter; vergleicht man diese riesenhaften Kinderschuhe des Proletariats mit der Zwerghaftigkeit der ausgetretenen politischen Schuhe der deutschen Bourgeoisie, so muß man dem deutschen Aschenbrödel eine Athletengestalt prophezeien. Man muß gestehen, daß das deutsche Proletariat der Theoretiker des europäischen Proletariats, wie das englische Proletariat sein Nationalökonom und das französische sein Politiker ist. Man muß gestehen, daß Deutschland einen ebenso klassischen Beruf zur sozialen Revolution hat, wie es zur politischen unfähig ist. Denn wie die Ohnmacht der deutschen Bourgeoisie die politische Ohnmacht Deutschlands, so ist die Anlage des deutschen Proletariats — selbst von der deutschen Theorie abgesehen — die soziale Anlage Deutschlands."

Marx verkehrte damals (1844) bereits in deutschen Arbeiterkreisen von Paris, die den verschiedenen zu jener Zeit herrschenden sozialistischen und anarchistischen Lehren anhingen, und er suchte sie in seinem Sinne zu beeinflussen. Auch mit Heinrich Heine, der damals mit dem Sozialismus kokettierte, waren seine Unterhaltungen lebhaft und zuweilen fruchtbar. Ebenso kam er oft mit Proudhon zusammen und bemühte sich, ihn mit der Hegelschen Philosophie vertraut zu machen. Schon in seinem Erstlingswerke „Was ist das Eigentum?" (1840) hatte Proudhon mit Hegelschen Formeln gespielt, und Marx mochte glauben, daß es ihm gelingen würde, ihn für den Sozialismus zu gewinnen. Proudhon, der, ebenso wie der deutsche Weitling, aus dem Proletariat stammte, leitete seine sozialkritische Tätigkeit mit der obengenannten Schrift ein, die auf Marx und die deutschen Sozialisten im allgemeinen anregend wirkte, um so mehr, als Proudhon einige Bekanntschaft mit der deutschen klassischen Philosophie offenbarte. Seine ganze Frage faßte er dort („Was ist das Eigentum?", deutsche Ausgabe 1844, Seite 289) wie folgt zusammen: „Um dies in einer Hegelschen Formel zu geben, sage ich: Die Gemeinschaft, die erste Art, die erste Bestimmtheit der Geselligkeit, ist das erste Glied der sozialen Entwicklung, die *These;* das Eigentum, der Gegensatz derselben, die *Antithese;* haben wir nur das dritte Moment, die *Synthese,* so ist die Frage gelöst. Diese Synthese entspringt nur aus der Aufhebung der These durch die Antithese; man muß daher in letzter Instanz ihre Merkmale prüfen, davon ausscheiden, was der Geselligkeit entgegen ist, und in der Vereinigung der beiden Reste zeigt sich dann die wahre Art der menschlichen Geselligkeit." Das war allerdings eine oberflächliche Auffassung der Hegelschen Dialektik, denn was Proudhon finden wollte, war keine Synthese, sondern eine Kombination, aber es war doch für einen französischen Proletarier eine hübsche Leistung, mit deutschen philosophischen Formeln operiert zu haben, und sie durfte zu den schönsten Hoffnungen berechtigen. Marx wollte sich diese Gelegenheit nicht entgehen lassen und in „langen übernächtigten Debatten" diskutiert er mit Proudhon über Hegelsche Philosophie (Marx, „Elend der Philosophie", deutsche Ausgabe, Stuttgart 1885, Seite XXIX). Inmitten dieser Tätigkeit wurden jedoch Marx und noch andere deutsche Mitarbeiter des Pariser „Vorwärts" auf Veranlassung der preußischen Regierung im Januar 1845 aus Frankreich ausgewiesen. Marx packte seine sieben Sachen und zog nach Brüssel, wo er mit kurzen Unterbrechungen bis zum Ausbruch der europäischen Revolution im Februar 1848 lebte. Die Brüsseler Zeit wurde hauptsächlich mit volkswirtschaftlichen Studien ausgefüllt, zu denen Engels ihm seine nationalökonomische Bibliothek zur Verfügung stellte. Das Ergebnis dieser Arbeiten legte Marx in der Kritik gegen Proudhon, in der „Misère de la Philosophie" (Elend der Philosophie) 1847 nieder.

4. Streitschrift gegen Proudhon.

Die „Misère de la Philosophie" ist der erste Höhepunkt im geistigen Schaffen von Marx. In dieser Kritik setzte er sich nicht nur mit Proudhon, sondern mit dem ganzen utopischen Sozialismus auseinander. Sie zeigt auch den Wendepunkt in den Studien von Marx: die englische politische Oekonomie nahm hinfort den Platz ein, den die deutsche Philosophie innehatte. Der Anti-Proudhon verdient deshalb eine umfangreichere Besprechung.

Pierre Joseph Proudhon (geb. in Besançon 1809, gest. in Paris 1865) war einer der begabtesten und merkwürdigsten Sozialkritiker, die das moderne Proletariat hervorgebracht hat. Er war ursprünglich Schriftsetzer, wie sein englischer Zeit- und Gesinnungsgenosse John Francis Bray, der Verfasser des im Jahre 1839 erschienenen Buches „Labour's Wrongs" (Die Beschwerden der Arbeiterklasse), aber mit einem viel größeren Wissensdrang und fruchtbareren schriftstellerischen Talent als dieser. Durch Selbstunterricht erwarb er sich die Kenntnisse der klassischen Sprachen, der Mathematik und der Naturwissenschaft, er las fleißig, aber wahllos ökonomische, philosophische und geschichtliche Werke und wandte sich der Sozialkritik zu. Es ist selten, daß ein westeuropäischer Arbeiter den Drang in sich spürt, mit Kant, Hegel und Feuerbach Bekanntschaft zu machen, wie Proudhon dies aus französischen Uebersetzungen und im Verkehr mit deutschen Gelehrten in Paris getan hat. Er besaß den edlen Ehrgeiz, französische Lebhaftigkeit mit deutscher Gründlichkeit zu verbinden. Aber der Selbstunterricht gab ihm nicht die geistige Durchbildung, die wertvoller ist als Kenntnisse und die allein die Fähigkeit verleiht, das erworbene Wissen zu ordnen und zu bewerten, sowie sein eigenes Schaffen einer Selbstkritik zu unterziehen. Der Wert einer geordneten Schulung besteht nicht in der Hauptsache im Gewinn von Kenntnissen, sondern in der Ausbildung unserer geistigen Fähigkeiten als Werkzeuge des Forschens und Erkennens, des methodischen Denkens und sachlichen Urteilens: als Mittel zur leichteren Orientierung inmitten von Erscheinungen, Erfahrungen und Gedanken. Ein Selbstgebildeter kann wohl auch zu dieser Stufe gelangen, aber nur wenn seine ersten Versuche, selbständig zu schaffen, einer strengen, aber liebevollen Kritik unterzogen werden, die ihn veranlaßt, sich geistig zu disziplinieren. Bei Proudhon war dies nicht der Fall; die geistige Selbstzucht fehlte ihm. Sein Erstlingswerk „Was ist das Eigentum?" (1840) brachte ihm sofort große Anerkennung, die ihn in seiner hohen Meinung von seinem Wissen und Können bis zur Dünkelhaftigkeit bestärkte. Als z. B. der französische Geschichtsschreiber Michelet seinen Ausspruch „Das Eigentum ist der Diebstahl" mißbilligte,

antwortete Proudhon: „In tausend Jahren geschehen nicht
zwei Aussprüche wie dieser" (Oekonomische Widersprüche,
Leipzig 1847, 2. Band, Seite 301). Und doch ist der Sinn
dieses Ausspruches so alt wie der Kommunismus überhaupt.
Hinzu kam die Lebhaftigkeit und der schwungvolle Fluß
der Rede, die Proudhon auszeichnete und ihn über das Un-
fertige seiner Geistesbildung leicht hinwegtäuschte. So ge-
schah es, daß er oft Gedanken seiner Vorgänger wieder entdeckte und sie mit naivem Stolz der Welt offenbarte. In
seitenlangen Ausführungen spannt er die Erwartung des
Lesers auf die zu folgende Erklärung des Wesens des Wertes,
den er ganz richtig als den „Eckstein der politischen Oekonomie" bezeichnet. Endlich will er das Geheimnis enthüllen:
„Es ist Zeit, mit dieser Kraft bekannt zu werden. Diese Kraft
... ist die *Arbeit.*" Sein Hauptwerk: „System der ökonomischen Widersprüche" wimmelt von philosophischen Formeln
und Ausdrücken wie These, Antithese, Antinomien, Synthese,
Dialektik, Induktion, Syllogismen usw., sowie mit lateinischen,
griechischen und hebräischen Etymologien; es verliert sich
oft in gar nicht zur Sache gehörigen theologischen und philosophischen Abschweifungen und Seitensprüngen, nicht etwa
in der Absicht mit Wissenschaft zu prunken, sondern aus
Mangel an geistiger Selbstzucht, aus Mangel an Beherrschung
des Stoffes. Das genannte Werk sollte deutsche Philosophie
mit französischer und englischer Volkswirtschaft verbinden,
und sein Verfasser glaubte, es müßte ihm vor allem die Bewunderung der deutschen Sozialisten, insbesondere Marxens,
einbringen. Er kündigte es letzterem in einem Briefe an
und erwartete seine „strenge Kritik". Die Kritik kam in der
„Misère de la Philosophie" (Brüssel 1847), aber sie konnte
ihren Zweck nicht mehr erfüllen, da zwischen den beiden
Männern der sachliche Unterschied schon zu einer unüberbrückbaren Kluft geworden war: Marx hatte seinen materia-
listisch-dialektischen und revolutionären Sozialismus fast fertig,
Proudhon hatte die Fundamente zu seinem wirtschaftlich-
föderativen und friedlichen Anarchismus gelegt. Mit seiner
durchdringenden Zergliederung, seinem wohlgeordneten
Wissen und seiner starken Entrüstung über die hochmütigen
Angriffe gegen alle sozialistischen Schulen und Führer hielt

Marx Strafgericht über Proudhon und enthüllte ihn als einen Dilettanten der Philosophie und Oekonomie, wobei er die Umrisse seiner eigenen Geschichts- und Wirtschaftsauffassung zeichnete.

Marxens Urteil ist vernichtend, dennoch kann man nicht umhin, zu erkennen, daß Proudhon — trotz seiner offenbaren Unzulänglichkeit — ehrlich und eifrig bemüht war, sowohl aus dem Kapitalismus wie aus dem Utopismus herauszukommen und den Plan zu einer Wirtschaftsordnung zu entwerfen, in der die Menschen, so wie er sie gefunden, ein freiheitliches, arbeitsames und gerechtes Leben führen könnten. Die Aufgabe, die Proudhon sich stellte, war dieselbe, die Marx beschäftigte: Kritik der politischen Oekonomie und des sentimentalen utopienbauenden Sozialismus. Das ist der Grundton von Proudhons System, der fast in jedem Kapitel durchklingt. Nur fehlte ihm das erforderliche Wissen und der historische Sinn, um seiner Aufgabe gerecht werden zu können. Seine ganze Kritik besteht im wesentlichen nur in der Klage, daß Reichtum und Elend sich gegensätzlich häufen, und daß die ökonomischen Kategorien: Gebrauchswert, Tauschwert, Teilung der Arbeit, Konkurrenz, Monopol, Maschinerie, Eigentum, Bodenrente, Kredit, Steuer usw. Widersprüche zeigen. Proudhons Spezialproblem war folgendes: „Die Arbeiter eines Landes erzeugen jährlich, sagen wir Waren im Werte von 20 Milliarden. Wenn die Arbeiter aber als Konsumenten diese Waren zurückkaufen wollen, müssen sie 25 Milliarden zahlen. Die Arbeiter werden also um ein Fünftel betrogen. Das ist ein erschreckender Widerspruch" (Was ist das Eigentum? Kapitel IV; Oekonomische Widersprüche, erster Band, Seite 292—93). Die Problemstellung zeigt, daß Proudhon vom Wesen der Wertfrage keine Ahnung hatte, trotzdem er Adam Smith, David Ricardo usw. zitiert, also sie gelesen haben mußte. Hätte er diese Oekonomen wirklich verstanden und von seinem Standpunkte der Gerechtigkeit kritisch zu ihnen Stellung genommen, so würde er das Problem folgendermaßen gestellt haben: Die Arbeiter eines Landes erzeugen jährlich Waren im Werte von, sagen wir, 20 Milliarden. Sie erhalten aber für ihre Arbeit als Lohn eine Warenmenge im Werte von nur 10 oder 12 Milliarden — ist das gerecht?

Erst diese Fragestellung würde ihm möglicherweise das Wesen des Lohnes, des Wertes, des Profits, des Kapitals und dessen Widersprüche erschlossen haben. Proudhon sieht die Verübung des Betrugs oder Diebstahls in der Sphäre des Austausches und nicht in der der Warenerzeugung, und er fragt sich nicht, wenn die Arbeit nur für 20 Milliarden Werte erzeugt, wieso können sie gegen Werte von 25 Milliarden ausgetauscht werden? Womit sollen die 5 Milliarden Zuschlag gedeckt werden? Die übrigen von ihm hervorgehobenen Widersprüche sind zwar nicht neu, aber sie sind geistreich behandelt. Zum Beispiel: Das Wesen des Tauschwertes ist die Arbeit, sie schafft den Reichtum, aber je mehr Reichtum erzeugt wird, desto kleiner sein Tauschwert. Oder: die Teilung der Arbeit ist — nach Smith — eines der wirksamsten Mittel, den Reichtum zu vermehren, aber je mehr die Teilung der Arbeit fortschreitet, desto tiefer sinkt der Arbeiter, indem sie ihn zum geistlosen Automaten einer kleinen Teiloperation macht. Aehnliches gilt von der Maschinerie. Ebenso: Die Konkurrenz spornt die Kräfte an, aber sie bringt viel Elend, indem sie zu Fälschungen, Uebervorteilung und zum Kampf von Mensch gegen Mensch führt. Weiter: die Steuer soll im Verhältnis zum Vermögen stehen, in Wirklichkeit steht sie im Verhältnis zum Elend. Oder: Das Privateigentum an Grund und Boden soll die Produktivität fördern, in der Praxis entzieht es den Ackerbauenden den Boden. Auf diese Weise verfolgt er die Widersprüche der politischen Oekonomie. Ueberall also These und Antithese oder Antinomien (Widersprüche zwischen zwei gut begründeten Sätzen). Und aus diesem Widerstreit entspringt das Elend. Die Lösung oder die Synthese ist, eine Wirtschaftsordnung zu schaffen, in der die guten Seiten der Kategorie bewahrt, die bösen beseitigt und die Forderungen der Gerechtigkeit erfüllt werden. Das kann der Sozialismus nicht leisten: „Denn die gesellschaftliche Ordnung stützt sich auf die Berechnung einer unerbittlichen Gerechtigkeit und nicht auf jene paradiesischen Gesinnungen der brüderlichkeit, Aufopferung und Liebe, welche so viele ehrenwerte Sozialisten sich jetzt im Volke zu erwecken bemühen. Es ist vergebens, daß sie nach dem Beispiele Jesu Christi die Notwendigkeit der Aufopferung predigen, und darin selbst mit gutem Beispiele vorangehen: der Egoismus ist stärker als sie, und nur das strenge Gesetz, die unwandelbare ökonomische Bestimmung, sind imstande, denselben zu bändigen. Die humanistische Begeisterung kann Erschütterungen bewirken, die dem Fortschritt der Zivilisation günstig sind, aber solche Krisen der Gesinnung haben ebenso wie das Schwanken des Wertes lediglich den Erfolg, daß sie die Gerechtigkeit nur desto fester und beschränkter begründen. Die Natur oder die Gottheit setzte Mißtrauen in unser Herz; sie glaubte nicht an die Liebe des Menschen zu seinesgleichen; und, ich sage es zur Schande des menschlichen Bewußtseins, aber unsere Heuchelei muß es einmal zu hören bekommen: alle Aufschlüsse, welche uns die Wissenschaft über die Pläne der Vorsehung in bezug auf das Fortschreiten der Gesellschaft gibt, deuten auf einen tiefen Menschenhaß von seiten Gottes hin." (System der ökonomischen Widersprüche oder die Philosophie des Elends, 1. Band, Seite 107.) Ebenso scharf verurteilt er das Gewerkschaftswesen und seine Kampfmittel, dann die staatliche Sozialpolitik, wie überhaupt das ganze Wirken der Klassenorganisation und des Staates. Das einzige Mittel, die soziale Gerechtigkeit zu verwirklichen, besteht darin, eine Gesellschaft von Produzenten zu schaffen, die ihre Ware nach den in ihnen steckenden Arbeitsmengen gegenseitig austauschen, die Arbeit in erforderlichem Maße und Verhältnis der Reichtumsbeschaffung zuführen, oder deutlich gesprochen: eine Ordnung zu schaffen, wo Angebot und Nachfrage sich das Gleichgewicht halten.

Marxens Entgegnung auf die „Philosophie des Elends" ist schon im Titel gekennzeichnet: „Elend der Philosophie". Er wendet sich vorerst den ökonomischen Elementen in Proudhons Werk zu und weist dokumentarisch nach, daß die darin enthaltenen Thesen und Antithesen teils aus einer halbverstandenen Lese englischer und französischer Nationalökonomen herrühren, teils von englischen Kommunisten vorweggenommen wurden. Marx zeigt bereits in diesem Teile eine große Belesenheit in der ökonomischen Literatur. Dann richtet er seine eigenen theoretischen Ergebnisse gegen die philosophischen und sozialkritischen Elemente Proudhons und gibt viel Positives. Der Hauptzweck Marxens war, die Sozialisten zu veranlassen, ihren Utopismus aufzugeben und realistisch zu denken, gesellschaftliche und wirtschaftliche Kategorien im geschichtlichen Flusse aufzufassen:

„Die ökonomischen Kategorien sind nur die theoretischen Ausdrücke, die gedankliche Erfassung der gesellschaftlichen Produktionsverhältnisse . . . Proudhon hat ganz gut begriffen, daß die Menschen Tuch, Leinwand usw. unter bestimmten Produktionsverhältnissen anfertigen. Aber was er nicht begriffen hat, ist, daß diese bestimmten gesellschaftlichen Verhältnisse ebensogut Produkte der Menschen sind wie Tuch, Leinwand usw. Die gesellschaftlichen Verhältnisse sind eng verknüpft mit den Produktivkräften. Mit der Erwerbung neuer Produktivkräfte verändern die Menschen ihre Produktionsweise, und mit der Veränderung der Produktionsweise, der Art, ihren Lebensunterhalt zu gewinnen, verändern sie alle ihre gesellschaftlichen Verhältnisse. Die Handmühle ergibt eine Gesellschaft mit Feudalherren, die Dampfmühle eine Gesellschaft mit industriellen Kapitalisten. Aber dieselben Menschen, welche die sozialen Verhältnisse gemäß ihrer materiellen Produktionsweise gestalten, gestalten auch die Prinzipien, die Ideen, die Kategorien gemäß ihrer gesellschaftlichen Verhältnisse. Somit sind diese Ideen, diese Kategorien, ebensowenig ewig als die Verhältnisse, die sie ausdrücken. Sie sind historische, vergängliche, vorübergehende Produkte. Wir leben inmitten einer beständigen Bewegung des Anwachsens der Produktivkräfte, der Zerstörung sozialer Verhältnisse, der Bildung von Ideen." (Elend der Philosophie, Stuttgart 1885, Seite 100—101.)

Hier ist vor allem zu bemerken, daß Marx der Technologie eine machtvolle revolutionierende Wirkung zuschreibt, und daß er die verschiedenen Gesellschaftsformationen durch die verschiedenen Arbeitsmittel erkennen läßt. Oder wie er später im „Kapital" sagt: Nicht *was*, sondern *wie* produziert wird, unterscheidet die verschiedenen Gesellschaftsformen. Sodann will er sagen: Die Ideen und Gedankensysteme sind durch ihre Zeit begrenzt, durch die herrschenden Produktionsverhältnisse bedingt. Will man sie begreifen, so muß man sowohl die ihnen vorhergegangenen Zeiten studieren, als sie selbst untersuchen und sehen, ob nicht in ihnen neue Gebilde entstehen, die zu den alten in einen Widerspruch, in einen Gegensatz treten:

„Auch der Feudalismus hatte sein Proletariat — die **Leibeigenschaft**, welche alle Keime des Bürgertums enthielt. Auch die feudale Produktion hatte zwei gegensätzliche Elemente, die man gleichfalls als „gute" und „schlechte" Seite des Feudalismus bezeichnet, ohne zu berücksichtigen, daß es stets die „schlechte" Seite ist, welche schließlich den Sieg über die „gute" Seite davonträgt. Die schlechte Seite ist es, welche die Bewegung ins Leben ruft, welche die Geschichte macht, dadurch, daß sie den Kampf zeitigt. Hätten zur Zeit der Herrschaft des Feudalismus die Oekonomen, begeistert von den ritterlichen Tugenden, von der schönen Harmonie zwischen Rechten und Pflichten, von dem patriarchalischen Leben der Städte, von dem Blühen der Hausindustrie auf dem Lande, von der Entwicklung der in Korporationen, Zünften, Innungen organisierten Industrie, mit einem Wort von allem, was die schöne Seite des Feudalismus bildet, sich das Problem gestellt, alles auszumerzen, was einen Schatten auf dies Bild wirft: Leibeigenschaft, Privilegien, Anarchie — wohin wären sie damit gekommen? Man hätte alle Elemente vernichtet, welche den Kampf hervorriefen, man hätte die Entwicklung der Bourgeoisie im Keim erstickt. Man hätte sich das absurde Problem gestellt, die Geschichte auszustreichen.

Als die Bourgeoisie obenauf gekommen war, fragte man weder nach der guten noch nach der schlechten Seite des Feudalismus. Die Produktivkräfte, welche sich durch sie unter dem Feudalismus entwickelt hatten, fielen ihr zu. Alle alten ökonomischen Formen, die privatrechtlichen Beziehungen, welche ihnen entsprachen, der politische Zustand, welcher der offizielle Ausdruck der alten Gesellschaft war, wurden zerbrochen."

Die Sozialisten und Sozialrevolutionäre, die die gesellschaftlichen Nöte und Kämpfe als ein absolutes Uebel betrachten und den Aufbau einer aus lauter guten Seiten bestehenden Gesellschaft planen, haben das Wesen der bisherigen Menschheitsgeschichte nicht begriffen. Sie denken abstrakt. Sie beurteilen sowohl die Vergangenheit wie die Gegenwart falsch.

„Will man somit die feudale Produktion richtig beurteilen, so muß man sie als eine auf dem Gegensatz basierte Produktionsweise betrachten. Man muß zeigen, wie der Reichtum innerhalb dieses Gegensatzes produziert wurde, wie die Produktivkräfte sich gleichzeitig mit dem Widerstreit der Klassen entwickelten, wie die eine dieser Klassen, die schlechte

Seite, das gesellschaftliche Uebel, stets anwuchs, bis die materiellen Bedingungen ihrer Befreiung zur Reife gediehen waren. Sagt das nicht deutlich genug, daß die Produktionsweise, die Verhältnisse, in denen die Produktivkräfte sich entwickeln, nichts weniger als ewige Gesetze sind, sondern einem bestimmten Entwicklungszustande der Menschen und ihrer Produktivkräfte entsprechen, und daß eine in den Produktivkräften der Menschen eingetretene Veränderung notwendigerweise eine Veränderung in ihren Produktionsverhältnissen herbeiführt? . . .

Die Bourgeoisie beginnt mit einem Proletariat, das selbst wiederum ein Ueberbleibsel des Proletariats des Feudalismus ist. In dem Verlauf ihrer historischen Entwicklung entwickelt die Bourgeoisie notwendigerweise ihren gegensätzlichen Charakter, der sich bei ihrem ersten Auftreten mehr oder minder verhüllt vorfindet, nur im latenten Zustande existiert. In dem Maße, als die Bourgeoisie sich entwickelt, entwickelt sich in ihrem Schoße ein neues Proletariat, ein modernes Proletariat: es entwickelt sich ein Kampf zwischen der Proletarierklasse und der Bourgeoisklasse, ein Kampf, der, bevor er auf beiden Seiten empfunden, bemerkt, gewürdigt, begriffen, eingestanden und endlich laut proklamiert wird, sich vorläufig nur in teilweisen und vorübergehenden Konflikten, in Zerstörungswerken äußert."

Marx zeigt in einem besonderen Kapitel die Notwendigkeit und die geschichtliche Bedeutung der Gewerkschaften, die trotz aller Mahnungen und Warnungen der Utopisten und Oekonomen weiter von den Arbeitern gegründet und ausgebaut werden, um der Herrschaft des Kapitals widerstehen zu können. Das bedeutet die Zusammenfassung der zersplitterten Interessen und Aktionen der Arbeiter zu einer großen Klassenbewegung, die in einen Gegensatz zur bürgerlichen Klasse tritt, was jedoch nicht ausschließt, daß innerhalb der Klassen selber widerstreitende Interessen vorhanden sind; aber sie werden beiseite geschoben, sobald Klasse gegen Klasse auftritt:

„Von Tag zu Tag wird es somit klarer, daß die Produktionsverhältnisse, in denen sich die Bourgeoisie bewegt, nicht einen einheitlichen, einfachen Charakter haben, sondern einen zwieschlächtigen; daß in denselben Verhältnissen, in denen der Reichtum produziert wird, auch das Elend produziert wird; daß in denselben Verhältnissen, in denen die Entwicklung der

Produktivkräfte vor sich geht, sich eine Repressionskraft entwickelt; daß diese Verhältnisse den bürgerlichen Reichtum, d. h. den Reichtum der Bourgeoisieklasse, nur erzeugen unter fortgesetzter Vernichtung des Reichtums einzelner Glieder dieser Klasse, und unter Schaffung eines stets wachsenden Proletariats." (Elend der Philosophie, 1885, Seite 116—118, 171 ff.)

Dieser gegensätzliche Charakter der kapitalistischen Gesellschaft hat zur Wirkung, daß die Nationalökonomen, die die Theoretiker der bestehenden Ordnung sind, ihre Haltung verlieren, während die Sozialisten, die Theoretiker des Proletariats, sich nach Mitteln umsehen, dem Elend abzuhelfen. Sie verurteilen die Klassenkämpfe, bauen Utopien, entwerfen Erlösungspläne, während die einzig richtige, weil aus den wirklichen Verhältnissen hervorgehende Lösung sein müßte, die Organisation der unterdrückten Klasse zu fördern, ihren Kampf zielbewußt zu machen. Denn in diesen Kämpfen wird die neue Gesellschaft entstehen; allerdings kann dies nur geschehen, wenn die Produktivkräfte einen hohen Grad der Entwicklung erlangt haben. Oder wie Marx ausführt:

„Eine unterdrückte Klasse ist die Lebensbedingung jeder auf den Klassengegensatz begründeten Gesellschaft. Die Befreiung der unterdrückten Klasse schließt also notwendigerweise die Schaffung einer neuen Gesellschaft ein. Soll die unterdrückte Klasse sich befreien können, so muß eine Stufe erreicht sein, auf der die bereits erworbenen Produktivkräfte und die geltenden gesellschaftlichen Einrichtungen nicht mehr nebeneinander bestehen können. Von allen Produktionsinstrumenten ist die größte Produktivkraft die revolutionäre Klasse selbst. Die Organisation der revolutionären Elemente als Klasse setzt die fertige Existenz aller Produktivkräfte voraus, die sich überhaupt im Schoß der alten Gesellschaft entfalten konnten. Heißt dies, daß es nach dem Sturz der alten Gesellschaft eine neue Klassenherrschaft geben wird, die in einer neuen politischen Gewalt gipfelt? Nein. Die Bedingung der Befreiung der arbeitenden Klasse ist die Abschaffung jeder Klasse, wie die Bedingung der Befreiung des dritten Standes, der bürgerlichen Ordnung, die Abschaffung aller Stände war. Die arbeitende Klasse wird im Laufe der Entwicklung an die Stelle der alten bürgerlichen Gesellschaft eine Assoziation setzen, welche die Klassen und ihren Gegensatz ausschließt, und es wird keine eigentliche politische Gewalt mehr geben, weil gerade die politische Gewalt der offizielle Ausdruck des Klassengegensatzes innerhalb der bürgerlichen Gesellschaft ist.

Inzwischen ist der Gegensatz zwischen Proletariat und Bourgeoisie ein Kampf von Klasse gegen Klasse, ein Kampf, der, auf seinen höchsten Ausdruck gebracht, eine totale Revolution bedeutet. Braucht man sich übrigens zu wundern, daß eine auf den Klassengegensatz begründete Gesellschaft auf den brutalen Widerspruch hinausläuft, auf den Zusammenstoß von Mann gegen Mann, als letzte Lösung? Man sage nicht, daß die gesellschaftliche Bewegung die politische ausschließt. Es gibt keine politische Bewegung, die nicht gleichzeitig auch eine gesellschaftliche wäre.

Nur bei einer Ordnung der Dinge, wo es keine Klassen und keinen Klassengegensatz gibt, werden die gesellschaftlichen Evolutionen aufhören politische Revolutionen zu sein. Bis dahin wird am Vorabend jeder allgemeinen Neugestaltung der Gesellschaft das letzte Wort der sozialen Wissenschaft stets lauten: ‚Kampf oder Tod; blutiger Krieg oder das Nichts. So ist die Frage unerbittlich gestellt'." (George Sand.)

Mit diesem Schlachtruf schließt das Elend der Philosophie. Es ist der Prolog zum „Kommunistischen Manifest", das seinerseits nur eine Popularisierung der in der Streitschrift gegen Proudhon entwickelten positiven Lehren darstellt.

III. Agitation und Lebensschicksale.

1. Der revolutionäre Geist der vierziger Jahre.

Marx war revolutionär nicht nur im geistigen Sinne des Wortes, indem er eine neue soziale Auffassung vertrat und eine neue Wirtschaftsordnung theoretisch begründete, sondern er war es auch im landläufigen Sinne von Gewaltaktionen, wobei ihm die Kämpfe der ersten Jahre der Französischen Revolution als Vorbild vorschwebten. Er hatte ein feines Gehör für das revolutionäre Grollen in den Tiefen der Volksmassen. Die Jahre, während welcher die Elemente seiner neuen sozialen Auffassung sich in seinem Geiste sammelten und sich zu einem System verdichteten, waren von einer revolutionären Atmosphäre umgeben: 1842 sah England den ersten Massenstreik, der zu einem Generalstreik sich auszudehnen drohte und einen politisch-revolutionären Charakter trug; 1843 und 1844 war in England die Ansicht von der nahe bevorstehenden Revolution weit verbreitet; 1844 brachen die schlesischen Weberaufstände aus; 1845 und 1846 verbreitete sich allerhand Sozialismus rasch in Deutschland, und sozialistische Zeitschriften erschienen in den industriellen Mittelpunkten; in Frankreich wimmelte es von sozialistischen Systemen, sozialistischen Romanen und Zeitungsartikeln; das kommunistische Gespenst ging in Europa um; Anfang Februar 1847 kam die Einberufung des Vereinigten Landtages durch Friedrich Wilhelm IV., die als Sturmvogel der deutschen Revolution betrachtet wurde. Der Zusammenhang dieser Erscheinungen konnte scharfen Denkern nicht entgehen: Hand in Hand mit der Ausdehnung der Industrie, dem raschen Bau von Eisenbahnen und Telegraphen, wechselten Wirtschafts-

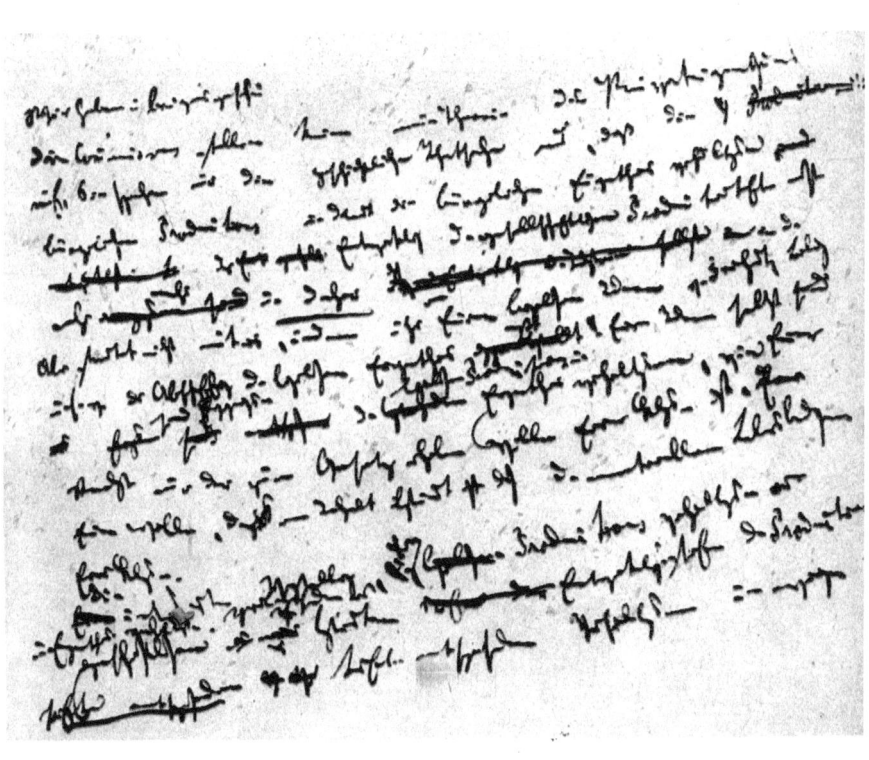

ERSTER ENTWURF VON KARL MARX ZUM „KOMMUNISTISCHEN MANIFEST"
(Aus der letzten Seite des Originalmanuskripts)

blüte und Krise, wuchs die Armut, kämpften die Arbeiter mit immer größerer Erbitterung gegen die ehernen Lohnsätze, gegen die kärglichen Entlohnungen, die dem Proletariat kaum gestatteten, das nackte Leben zu fristen. Der Ruf in England war: „Je mehr Fabriken, desto mehr Armut", aber auch: „Je größere politische Rechte für die Massen, desto sicherer die Erlösung." Wer in diesen Jahren in Frankreich und England lebte und sich mit Sozialismus befaßte, konnte nicht umhin zu empfinden, daß politische und soziale Revolutionen im Anmarsch begriffen seien.

Schon in seinem ersten Briefe an Ruge, geschrieben in Holland im März 1843, beschäftigt sich Marx mit der kommenden Revolution und sieht — zum ungläubigen Erstaunen Ruges — voraus, daß die Regierung Friedrich Wilhelms IV. einer Revolution entgegentreibe. Damals hatte Marx seine sozialistischen Studien kaum begonnen, und je weiter er in seinen Studien fortschritt, je schärfer er seine soziale Dialektik herausarbeitete und den Klassenkampfgedanken erfaßte, desto unentrinnbarer erschien ihm die Schlußfolgerung, daß die proletarische Revolution, daß die Ergreifung der Staatsgewalt durch das Proletariat die unumgängliche Vorbedingung zum Siege des Kommunismus sei.

Der utopische Sozialismus stellte sich außerhalb des Staates und versuchte abseits vom Staate und hinter dem Rücken des Staates eine sozialistische Gesellschaft aufzubauen. Dem Utopismus mit seinen sittlich-religiösen Beweggründen und mittelalterlich-kommunistischen Ueberlieferungen wohnte noch der staatsverachtende Geist inne, der die katholische Kirche in ihrer Glanzzeit auszeichnete. Marx hingegen, der alle realen Machtfaktoren anerkannte, wenn auch nicht immer richtig würdigte, sah im Staate eine ausführende Gewalt, die es umzuwälzen und als äußerst wirksames Werkzeug in der gesellschaftlichen Revolution anzuwenden galt. Mit seinem Eindringen in die Politik und in den französischen und englischen Sozialismus gab Marx die überspannte Staatsidee Hegels auf und nahm die des modernen westeuropäischen Denkens an, aber er deutete den Staat im Sinne der Klassenkampflehre: als den Vollzugsausschuß der herrschenden und besitzenden Klassen.

Die Eindrücke, die Begriffe, die Erfahrungen und die Gedankengänge, die im Geiste von Marx während des Werdens der Grundzüge seines gesellschafts- und geschichtswissenschaftlichen Systems Wurzel faßten, beherrschten seine ganze Lebensarbeit.

Der Marxismus wuchs ganz natürlich aus dem revolutionären Boden der ersten Hälfte des 19. Jahrhunderts hervor. Marx ist der Vollender und Testamentsvollstrecker der sozialrevolutionären Lehren jener Zeit. Sein ganzes Denken und Fühlen wurzelt in ihr. Es hat nichts spezifisch Jüdisches an sich. Mir ist kein jüdischer Philosoph, Soziologe oder Dichter bekannt, der so wenig Jüdisches an sich gehabt hätte, wie Karl Marx.

2. Das Kommunistische Manifest.

Wie in Paris, so suchte Marx auch in Brüssel den Verkehr mit deutschen Arbeitern, um sie durch Vorträge und Unterhaltungen zu belehren. Treu sekundierte ihm Engels, der über mehr freie Zeit und größere Geldmittel für diese Aufgabe verfügte; er wirkte in Paris, Köln, Elberfeld usw. für die neue Lehre. Die im Auslande lebenden deutschen Arbeiter waren seit 1836 im Bund der Gerechten organisiert, der seit 1840 seinen Vorstand in London hatte. Die einzelnen Gruppen standen durch kommunistische Korrespondenzkomitees miteinander in Verbindung. Aus Paris und Brüssel wurde London auf Marx aufmerksam gemacht, und im Januar 1847 wurde das Vorstandsmitglied Josef Moll beauftragt, nach Brüssel zu reisen, um von Marx Informationen einzuholen (Mehrings Einleitung zum Neudruck des Kölner Kommunistenprozesses, Vorwärts-Verlag, Berlin 1914, Seite 10—11). Die Folge war die Verwandlung des Bundes der Gerechten in den Bund der Kommunisten, der im Sommer 1847 in London seinen ersten Kongreß abhielt, zu dem Engels und Wilhelm Wolff (Lupus) als Delegierte erschienen. Zu dem Ende November und Anfang Dezember 1847 in London stattgefundenen zweiten Bundeskongreß erschien auch Marx, der zusammen mit Engels den Auftrag erhielt, ein neues Programm auszuarbeiten. Das neue Programm ist das Kommunistische

Manifest. Engels war aus Paris, Marx aus Brüssel gekommen. Vor seiner Abreise aus Paris schrieb Engels unterm 24. November einen Brief an Marx, in welchem es betreffs des Manifestes heißt:

„Ueberlege Dir doch das Glaubensbekenntnis etwas. Ich glaube, wir tun am besten, wir lassen die Katechismusform weg und titulieren das Ding: Kommunistisches Manifest. Da dann mehr oder weniger Geschichte erzählt werden muß, paßt die bisherige Form gar nicht. Ich bringe das Manuskript mit, das ich gemacht habe; es ist einfach erzählend, aber miserabel redigiert, in fürchterlicher Eile. Ich fange an: Was ist Kommunismus? und dann gleich das Proletariat — Entstehungsgeschichte, Unterschied von früheren Arbeitern, Entwicklung der Gegnerschaft des Proletariats und der Bourgeoisie, Krisen, Folgerungen, dazwischen allerlei Nebensachen und schließlich die Parteipolitik der Kommunisten, soweit sie vors Publikum gehört." (Marx-Engels, Briefwechsel, 1. Band, Seite 84.)

Engels' Entwurf gab Eduard Bernstein heraus („Grundsätze des Kommunismus". Vorwärts-Verlag 1914). Ein Vergleich des Entwurfs mit dem wirklichen „Kommunistischen Manifest" veranschaulicht die ganze geistige Ueberlegenheit von Marx über Engels.

Das Kommunistische Manifest enthält vier Gedankengruppen: 1. Die Entwickelungsgeschichte der Bourgeoisie, ihr Charakter, ihre positive und negative Leistung: moderner Kapitalismus und Hervortreten des Proletariats. 2. Theoretische Auffassungen und Schlüsse: Klassenkampflehre und Rolle des Proletariats. 3. Praktische Anwendung: revolutionäre Aktion der Kommunisten. 4. Kritik gegen die übrigen sozialistischen Schulen. Der letztere Punkt hat seit langem alles aktuelle Interesse verloren, so daß wir uns nur mit den drei ersteren Punkten zu beschäftigen brauchen:

1. Die Bourgeoisie entwickelte sich im Schoße der feudalen Gesellschaft, in den mittelalterlich-gewerblichen Städten. Mit den geographischen Entdeckungen des 16. und 17. Jahrhunderts dehnte sie ihren Wirkungskreis aus; sie wälzte die gewerblichen und die landwirtschaftlichen Formen und die Verkehrsmittel um; sie riß die mittelalterlichen Schranken in Wirtschaft und Staat nieder; sie stürzte den Feudalismus,

die Zünfte, die kleinen autonomen Gebiete, die absolute Monarchie und stellte in zusammenfassendem, konzentriertem Schaffen die moderne Industrie, die bürgerliche Freiheit, den Nationalstaat, aber auch den internationalen Verkehr her. „Erst sie (die Bourgeoisie) hat bewiesen, was die Tätigkeit der Menschen zustande bringen kann. Sie hat ganz andere Wunderwerke vollbracht, als ägyptische Pyramiden, römische Wasserleitungen, gotische Dome, sie hat ganz andere Züge ausgeführt als Völkerwanderungen und Kreuzzüge ... Die Bourgeoisie hat in ihrer kaum hundertjährigen Klassenherrschaft massenhaftere und kolossalere Produktionskräfte geschaffen, als alle vergangenen Geschlechter zusammen. Unterjochung der Naturkräfte, Maschinerie, Anwendung der Chemie auf Industrie und Ackerbau, Dampfschiffahrt, Eisenbahnen, elektrische Telegraphen, Urbarmachung ganzer Weltteile, Schiffbarmachung der Flüsse, ganze aus dem Boden hervorgestampfte Bevölkerungen." Das ist die positive Leistung der Bourgeoisie. Nun zur negativen: Sie schuf das Proletariat, unübersehbare, unbeherrschbare, anarchische Wirtschaftsverhältnisse, periodische Krisen: Elend und Hungersnot infolge Ueberproduktion und Reichtumsfülle, Ueberanstrengung und rücksichtslose Ausbeutung der Arbeiter, deren Kraft für das notwendigste Mindestmaß von Lebensmitteln gekauft wird. Diese Zustände zeigen, daß die Produktionskräfte umfangreicher und triebkräftiger werden als die Verhältnisse, in denen sie wirken: die Wirtschaft kann viel mehr Güter erzeugen und liefern, als die Gesellschaft unter den Eigentumsgesetzen verbrauchen kann, das heißt: die Verteilung und die effektive Nachfrage bleiben hinter der Warenerzeugung und dem Angebot zurück. Die materiellen Produktionskräfte treiben über ihren von den Privateigentumsgesetzen geschaffenen Rahmen hinaus. Dies geschieht auch deshalb, weil die arbeitende Masse infolge der bestehenden Eigentumsgesetze, die dem Kapital das Verteilungsrecht zuerkennen, ihren Warenverbrauch auf das Mindestmaß herabsetzen muß. Diese Gesamtzustände, die positiven sowohl wie die negativen, ermöglichen und verursachen die Kämpfe der Arbeiter gegen die Bourgeoisie. — auch die persönlichen Produktivkräfte geraten in Rebellion. Die Kämpfe führen zur Organisation der Arbeiter in Gewerkschaften, zum Erwachen des Klassenbewußtseins und damit zur politischen Arbeiterpartei.

2. Die Vorgänge innerhalb der bürgerlichen Gesellschaft sowohl wie innerhalb der feudalen und antiken Gesellschaft, wo Freier und Sklave, Patrizier und Plebejer, Baron und Leibeigener, Zunftmeister und Gesell, Kapitalist und Proletarier in stetem Gegensatz zueinander standen und stehen, beweisen, daß die ganze Menschheitsgeschichte seit der Entstehung des Privateigentums die Geschichte von Klassenkämpfen ist, und daß in diesen Klassenkämpfen, die bald versteckt, bald offen sind, entweder neue Gesellschafts-, Eigentums- und Wirtschaftsformen entstehen, oder aber mit dem gemeinsamen Untergang beider Klassen enden. Die gegeneinander kämpfenden Klassen sind Träger entgegengesetzter Wirtschaftsinteressen, Eigentumsformen und Kulturziele. Der gewerbe- und handeltreibende Städtebewohner (Bürger) kämpfte gegen den Feudalherrn und Ritter für bürgerliches Eigentum, für freien Handel und Verkehr, für freie persönliche Eigentumsverfügung, für den nationalen Staat. Mit dem siegreichen Fortschritt der Bourgeoisie gerät das Sondereigentum in immer weniger Hände; die Proletarier sind eigentumslos, sie haben keinen Anteil am Reichtum ihres Vaterlandes, andererseits wird die Erzeugung des Kapitals immer mehr zur Sache gemeinschaftlichen Zusammenarbeitens, das Kapital wird zum gemeinschaftlichen Produkt. Das Proletariat kann demnach nicht mehr um Sondereigentum kämpfen, sondern um die gesellschaftlich geleitete Benutzung der gemeinschaftlich hergestellten Produktionsmittel und ihrer Güter. Die Bourgeoisie hat also im Proletariat eine gesellschaftliche Klasse geschaffen, die die Beseitigung der bürgerlichen Eigentumsform und die Herstellung der proletarischen, gemeinschaftlichen Eigentumsform zum Ziele haben muß.

3. In diesem Kampfe der Arbeiterklassen sind deshalb die Kommunisten die Pioniere der Bewegung. Sie sind zugleich die Theoretiker und die stets opferbereiten Vorkämpfer des zum Klassenbewußtsein erwachten Proletariats. „Die Kommunisten sind keine besondere Partei gegenüber den anderen Arbeiterparteien. Sie haben keine von den Interessen des ganzen Proletariats getrennten Interessen. Sie stellen keine

besonderen Prinzipien auf, wonach sie die proletarische Bewegung modeln wollen." Die Kommunisten heben die gemeinsamen Interessen des Gesamtproletariats und der Gesamtbewegung hervor. Ihr Zweck ist: Bildung des Proletariats zur Klasse, Sturz der Bourgeoisieherrschaft, Eroberung der politischen Macht durch das Proletariat. Sie unterstützen überall

> „jede revolutionäre Bewegung gegen die bestehenden gesellschaftlichen und politischen Zustände. In allen diesen Bewegungen heben sie die Eigentumsfrage, welche mehr oder minder entwickelte Form sie auch angenommen haben möge, als die Grundlage der Bewegung hervor. Die Kommunisten arbeiten endlich überall an der Verbindung und Verständigung der demokratischen Parteien[1] aller Länder. Die Kommunisten verschmähen es, ihre Ansichten und Absichten zu verheimlichen. Sie erklären es offen, daß ihre Zwecke nur erreicht werden können durch den gewaltsamen Umsturz aller bisherigen Gesellschaftsordnung. Mögen die herrschenden Klassen vor einer kommunistischen Revolution zittern; die Proletarier haben nichts in ihr zu verlieren als ihre Ketten. Sie haben eine Welt zu gewinnen. Proletarier aller Länder vereinigt euch!"

Als sozialphilosophisches Dokument, das seine Zeit in Gedanken erfaßt, ist das Manifest beinahe vollkommen. Große Leidenschaft und ganz ungewöhnlich intellektuelles Können sind in ihm vereinigt. Jahre des Studiums eines der kühnsten und gedankenreichsten Köpfe sind hier in der Gluthitze einer der regsamsten geistigen Werkstätten zusammengepreßt worden. Aber folgerichtig durchdacht ist dieses Werk nicht. In der Mitte des ersten Abschnitts, in den von uns oben (Seite 51) angeführten Stellen, wird die geschichtliche Leistung der Bourgeoisie gefeiert; in den letzten Zeilen desselben Abschnitts wird jedoch erklärt, daß „die Bourgeoisie der willenlose und widerstandslose Träger des Fortschritts der Industrie" sei, und noch schärfer ist diese Kritik im zweiten Abschnitt, wo die Bourgeoisie der Trägheit angeklagt wird: „Man hat eingewendet, mit der Aufhebung des Privateigentums werde alle Tätigkeit aufhören und eine allgemeine Faulheit einreißen.

---

[1] Unter demokratischen Parteien verstand man damals die politischen Arbeiterbewegungen, wie den Chartismus usw.

Hiernach müßte die bürgerliche Gesellschaft längst an der Trägheit zugrunde gegangen sein; denn die in ihr arbeiten, erwerben nicht, und die in ihr erwerben, arbeiten nicht." Das will besagen, daß die Bourgeoisie träge ist und nicht arbeitet, und doch sagt das Manifest, die Bourgeoisie habe größere Wunderwerke vollbracht als Aegypten, Rom, das Mittelalter, und daß sie in kaum hundertjähriger Klassenherrschaft massenhaftere und kolossalere Produktionskräfte geschaften, als alle vergangenen Generationen zusammen! Wie kann eine Klasse, die nicht arbeitet, größere Wunderwerke vollbringen, als die ganze antike und mittelalterliche Welt? Und im zweiten Abschnitt heißt es auch: „Kapitalist sein, heißt nicht nur eine rein persönliche, sondern eine gesellschaftliche Stellung in der Produktion einnehmen. Das Kapital ist ein gemeinschaftliches Produkt und kann nur durch eine gemeinsame Tätigkeit vieler Mitglieder, ja in letzter Instanz nur durch die gemeinsame Tätigkeit aller Mitglieder der Gesellschaft in Bewegung gesetzt werden." Also auch die Bourgeoisie, die Trägerin des Kapitals, nimmt tätigen Anteil an der Produktion.

Marx befreit sich später von diesem Widerspruch, indem er den Mehrwert einzig und allein dem Wirken des variablen Teils des Kapitals (der Lohnarbeit) zuschreibt und diese Lehre mit eiserner Konsequenz in seinem Hauptwerk „Kapital" durchführt.

3. Die Revolution von 1848.

Kaum war die Druckerschwärze des Kommunistischen Manifestes trocken, als die Februarrevolution ausbrach. Das Schmettern des gallischen Hahns fand bald einen Widerhall in verschiedenen deutschen Staaten, während in Brüssel die Demokraten vom Pöbel angegriffen und mißhandelt wurden. Eines der Opfer war Karl Marx, der noch hinterher von der belgischen Regierung ausgewiesen wurde. Dieser Akt bereitete ihm jedoch keine Verlegenheit, da er ohnehin bereit war, sich nach Paris zu begeben, wohin ihn auch die Vorläufige Regierung der französischen Republik mit folgendem Schreiben einlud:

„Paris, 1. März 1848. Wackerer und treuer Marx! Der Boden der französischen Republik ist ein Zufluchtsort für alle Freunde der Freiheit. Die Tyrannei hat Sie verbannt, das freie Frankreich öffnet Ihnen seine Pforten, — Ihnen und allen, die für die heilige Sache, die brüderliche Sache aller Völker kämpfen. Jeder Beamte der französischen Regierung soll sein Amt in diesem Sinne auffassen. Salut et Fraternité, Ferdinand Flocon, Mitglied der Vorläufigen Regierung." (Marx, Herr Vogt, Anhang.)

Der Aufenthalt in Paris war jedoch von kurzer Dauer. Marx und Engels sammelten die Mitglieder des Bundes der Kommunisten, verschaffen ihnen die Möglichkeit, nach Deutschland zurückzukehren und an der deutschen Revolution teilzunehmen. Sie selber reisten nach dem Rheinland, und es gelang ihnen, die in Köln geplante Zeitungsgründung in ihre Hände zu erhalten. Am 1. Juni 1848 begann dort die „Neue Rheinische Zeitung" zu erscheinen. Der leitende Redakteur war selbstredend Karl Marx, zu dessen Mitarbeitern u. a. Engels, Freiligrath, Wilhelm Wolff und Georg Weerth gehörten; gelegentlich sandte auch Lassalle Beiträge — ein Stab von Redakteuren, wie er einem täglichen Organ selten vergönnt ist. Im dritten Bande des Marx-Engels-Nachlasses gibt Franz Mehring eine Auswahl der dort erschienenen Artikel. Sie sind noch immer lesenswert, aber die Zeit, in der sie entstanden, war wenig geeignet, ihnen einen dauernden Wert zu verleihen; man darf deshalb in ihnen keine Fingerzeige suchen für das Verhalten der Sozialisten in künftigen Revolutionen. Die Gründung des Blattes fiel in eine Zeit, wo die Revolution schon an Kraft verlor und die Gegenrevolution überhand nahm. Erbitterung und Leidenschaft führten oft die Feder Marxens; und zuweilen war es nötig, durch Voraussagen und Pathos den Mut der Revolutionäre zu heben. Hier einige Beispiele: Nach dem Fall Wiens schloß der Artikel hierüber mit folgenden Worten:

„... Mit dem Siege der ‚roten Republik' zu Paris werden die Armeen aus dem Innern der Länder an und über die Grenzen ausgespien werden und die wirkliche Macht der ringenden Parteien wird sich rein herausstellen. Dann werden wir uns erinnern an den Juni, an den Oktober, und auch wir werden rufen: Wehe den Besiegten! Die resultatlosen Metzeleien seit den Juni- und Oktobertagen . . . werden die Völker überzeugen, daß es nur ein Mittel gibt, die mörderischen Todeswehen der Gesellschaft abzukürzen, zu vereinfachen, zu konzentrieren, nur ein Mittel — den revolutionären Terrorismus." (Neue Rheinische Zeitung, 6. November 1848.)

Oder im letzten Artikel der Zeitung, als sie am 18. Mai 1849 den „Nücken und Tücken der schmutzigen Westkalmücken erlag:

„Beim Abschied rufen wir unseren Lesern die Worte unserer ersten Januarnummer ins Gedächtnis: Revolutionäre Erhebung der französischen Arbeiterklasse, Weltkrieg — das ist die Inhaltsanzeige des Jahres 1849. Und schon steht eine, aus Kämpfern aller Nationalitäten gemischte Revolutionsarmee im Osten dem in der russischen Armee vertretenen und verbundenen alten Europa gegenüber, schon droht von Paris aus die rote Republik."

Zensur, Preßprozesse, Abflauen der Revolution und finanzielle Schwierigkeiten durchschnitten dem Blatte den Lebensfaden nach kaum einjähriger Existenz. Marx opferte alles, was er an Geldmitteln und Wertgegenständen besaß — zusammen 7000 Taler —, um die Gläubiger zu befriedigen, die Mitarbeiter und Drucker zu entlohnen. Dann reiste er nach Paris, wo er nicht den Sieg der roten Republik, sondern den der Gegenrevolution erlebte. Im Juli 1849 wurde er von der französischen Regierung nach dem Sumpfgebiet von Morbihan, Bretagne, verbannt; er zog es jedoch vor, nach London zu übersiedeln, wo er bis zu seinem Lebensende verblieb.

4. Londoner Nebel- und Sonnentage.

Ueber ein Menschenalter verbrachte Marx in London; die Hälfte dieses Zeitabschnittes in einem aufreibenden Daseinskampf, der ihn jedoch nicht zu hindern vermochte, ein riesenhaftes Material für sein Lebenswerk „Kapital" zu sammeln und zu verarbeiten, oder in die Arbeiterbewegung entscheidend einzugreifen, sobald die Gelegenheit sich hierzu bot, wie bei der Gründung der Internationale. Das erste Jahrzehnt war besonders schwierig. Ein Brief der Frau Marx, geschrieben am 20. Mai 1851, an Weydemeyer nach Amerika, gibt ein erschütterndes Bild des Elends der ersten Flüchtlingszeit (Neue Zeit, 25. Jahrgang, 2. Band, Seite 18—21). Der Versuch, die „Neue Rheinische Revue" als Fortsetzung der „Neuen Rheinischen Zeitung" herauszugeben, hatte nur das negative Ergebnis, daß er die letzten Hilfsmittel Marxens verschlang. Wie groß dann die Armut war, kann man aus der brutalen Tatsache ersehen, daß Marx seinen letzten Rock ins Pfandhaus tragen lassen mußte, um Manuskriptpapier für seine Broschüre über den Kölner Kommunistenprozeß (Ende 1852) kaufen zu können. Hierzu kamen traurige Zerwürfnisse unter den deutschen Flüchtlingen, die, in ihren revolutionären Illusionen enttäuscht, einander mit Anklagen überhäuften; ein Nachhall dieser Konflikte ist die Streitschrift „Herr Vogt" (1860). Die einzige regelmäßige Einnahmequelle Marxens war in den Jahren 1851—60 seine Korrespondenz für die „New York Tribune", die ihm 20 Mark pro Artikel zahlte, was kaum Wohnungsmiete, Zeitungen und Porto deckte. Dabei waren seine Artikel oft wahre Essays: die Frucht zeitraubender Forschungen. Und inmitten dieser Misere brannte in seinem Innern der Gedanke und die Sehnsucht, eine sozialistische Kritik der politischen Oekonomie zu schreiben. Man darf sagen, daß dieser Gedanke ihm seit dem Jahre 1845 keine Ruhe ließ. Wie auf ihn geprägt, sind Freiligraths Verse:

> Nach den Wolken flog sein Streben;
> Tief im Staube von der Hand
> In den Mund doch mußt' er leben!
> Eingepfercht und eingedornt,
> Aechzt er zwischen Tür und Angel;
> Der Bedarf hat ihn gespornt,
> Und gepeitscht hat ihn der Mangel.

Erst in den sechziger Jahren besserte sich seine Lage. Kleine Familienerbschaften. Wilhelm Wolffs Hinterlassenschaft von über 16 000 Mark und Engels' reichlichere und regelmäßige Hilfe, die seit 1869 sich auf etwa 6000 Mark jährlich belief, gestatteten Marx, sein „Kapital" zu schreiben, dessen erster Band bekanntlich Wilhelm Wolff gewidmet ist.

Aus dieser verhältnismäßig glücklichen Zeit der Familie Marx stammen die Erinnerungen Paul Lafargues (Neue Zeit, 9. Jahrgang, 1. Band, Seite 10—17, 37—42) über seinen

Verkehr mit derselben. Er schildert vor allem die Persönlichkeit des Verfassers des „Kapitals": Im Schoße der Familie und Sonntags abends im Kreise seiner Freunde war Marx ein liebenswürdiger Gesellschafter, voll Humor und Witz. „Seine schwarzen, von dichten Brauen überwölbten Augen funkelten vor Freude und spöttischer Ironie, wenn er ein witziges Wort oder eine schlagfertige Antwort hörte." Er war ein zärtlicher, nachsichtiger Vater, der seinen Kindern gegenüber nie die väterliche Autorität geltend machte. Seine Frau war ihm eine Mitkämpferin und Genossin im wahrsten Sinne des Wortes; sie war um vier Jahre älter als er; trotz ihrer adeligen Abstammung und trotz der großen Not und Verfolgungen, die sie jahrelang an der Seite ihres Mannes erdulden mußte, hat sie nie den Schritt bereut, ihr Schicksal an das Marxens geknüpft zu haben. Sie besaß einen heiteren, glänzenden Geist, unfehlbaren Takt, und gewann leicht die Hochachtung aller Bekannten, Freunde und Anhänger ihres Mannes. „Heinrich Heine, der unerbittliche Satiriker, fürchtete Marxens Spott; aber er hegte eine große Bewunderung für den scharfen und feinfühlenden Geist von dessen Frau. Marx hatte so hohe Achtung vor der Intelligenz und dem kritischen Sinn seiner Frau, daß er mir 1866 sagte, er habe ihr alle seine Manuskripte mitgeteilt und er lege großen Wert auf ihr Urteil." Dem Ehepaar Marx wurden sechs Kinder geboren: vier Mädchen und zwei Knaben, wovon nur drei Mädchen groß wurden: Jenny, die Charles Longuet heiratete; Laura, die Paul Lafargue zum Manne nahm, und die unglückliche, aber sehr begabte Eleonore, die an der Seite Dr. Edward Avelings 14 traurige Jahre verlebte.

Die sechziger Jahre waren ohne Zweifel die glücklichsten im Leben Marxens und schienen einen ernteicheren Lebensherbst zu versprechen. Aber bald verschlimmerte sich sein Gesundheitszustand und erlaubte ihm nicht mehr, sein Werk zu vollenden. Die besten Arbeitsjahre Marxens waren 1837 bis 1847 und 1857 bis 1871. Alles, was er Wertvolles geschaffen hat, fällt in diese Jahrzehnte: das Elend der Philosophie, das Kommunistische Manifest, die Tätigkeit in der Internationale, das Kapital, der Bürgerkrieg in Frankreich (Kommune).

5. Die Internationale.

Die ökonomischen Studien zu seinem „Kapital" führten Marx in die soziale Geschichte Englands des 18. und 19. Jahrhunderts ein und gaben ihm eine Einsicht in die englische Arbeiterbewegung jener Zeiten, wie sie nur wenige Forscher, englische oder nichtenglische, gewonnen haben. Er wurde mit dem Gedankengange und der Ausdrucksweise der proletarisch-revolutionären Bewegungen vertraut, insbesondere des Chartismus, mit dessen späteren Führern und Nachzüglern er persönlich bekannt war. Immer begierig, die wirkliche Arbeiterbewegung kennen zu lernen und in ihr tätig zu sein, beobachtete er das Wirken der englischen Arbeiterklasse, die in den fünfziger Jahren vornehmlich mit rein gewerkschaftlichen Fragen beschäftigt war, politisch aber sich im liberalen Lager befand. Eine Aenderung schien sich zu Anfang der sechziger Jahre vorzubereiten. Die Londoner Arbeiterführer begannen an eine parlamentarische Reformbewegung zu denken, an die Einleitung eines Kampfes für das allgemeine Wahlrecht, das eine alte chartistische Forderung war. Ebenso interessierte sie sich für das Schicksal Polens und für andere freiheitliche internationale Fragen. Die Arbeiterführer hatten auf der Londoner Weltausstellung (1862) eine französische Arbeiterdeputation kennen gelernt, mit der sie dann im Briefwechsel standen. In diesen Korrespondenzen im Jahre 1863 und 1864 wurde der Gedanke angeregt, eine internationale Arbeitervereinigung zu gründen. Der Gedanke wurde in der vierten Septemberwoche 1864 verwirklicht. Pariser und Londoner Arbeitervertreter hielten vom 25. bis zum 28. September eine Konferenz in London ab und am Abend des 28. wurde in einer öffentlichen Versammlung in St. Martins Hall das Ereignis gefeiert. Marx erhielt eine Einladung zu dieser Festversammlung, um dort die deutschen Arbeiter zu vertreten. Das Ergebnis dieser Konferenz und Versammlung war die Gründung der Internationalen Arbeiter-Assoziation. Es wurden Ausschüsse und Unterausschüsse eingesetzt, um eine Prinzipienerklärung und Satzungen zu entwerfen. Ein Anhänger Mazzinis und ein Franzose schrieben Entwürfe, die Marxen übergeben wurden, um etwas daraus zu machen. Er überlieferte die Entwürfe dem Papierkorb und schrieb die „Inauguraladresse", in der er eine Geschichte der englischen Arbeiter seit dem Jahre 1825 gab und die nötigen Schlüsse daraus zog. Die Prinzipienerklärung ist vollständig das Werk Marxens, nur der viel zitierte Schlußpassus über die „einfachen Gesetze der Moral und des Rechts", die „ebensowohl die Beziehungen einzelner regeln, als auch die obersten Gesetze des Verkehrs der Nationen sein sollten", ist dem Entwurfe der Mazzini-Leute entnommen (Marx-Engels, Briefwechsel, 3. Band, Seite 191). Marx glaubte, daß derartige ideale Forderungen fromme Wünsche seien, solange die sozialen Verhältnisse Klassen- und nationale Gegensätze und Zusammenstöße erzeugen. Die in Frankreich und England beliebten Anrufungen an Recht und Gerechtigkeit, Brüderlichkeit, Freiheit usw. hielt er für Lippenandacht an moderne mythologische Götter (Marx-Engels Briefwechsel, 4. Band, Seite 405). Die Inauguraladresse oder Prinzipienerklärung ist keineswegs ein fein ausgeklügeltes, diplomatisierendes Schriftstück, um den englischen und französischen Arbeitern zu gefallen; es enthielt sachlich die marxistischen Anschauungen, nur ist die Ausdrucksweise der der englischen Arbeiter jener Zeit angepaßt. „Es war schwierig," schreibt Marx an Engels (Briefwechsel, 3. Band, Seite 191), „die Sache so zu halten, daß unsere Ansicht in einer Form erschien, die sie dem jetzigen Standpunkte der Arbeiterbewegung annehmbar machte ... Es bedarf Zeit, bis die wiedererwachte Bewegung die alte Kühnheit der Sprache erlaubt. Nötig *fortiter in re, suaviter in modo*" (prinzipienfest in der Sache, angenehm in der Form). Die Inauguraladresse faßt die englische Arbeitergeschichte von 1825 bis 1864 zusammen und zeigt, daß aus ihren Kämpfen, wie überhaupt aus der Sozialgeschichte der modernen Gesellschaft, folgende Lehren sich für das Proletariat ergeben: Selbständige wirtschaftliche und politische Aktion der Arbeiterklasse; Nutzen der vom Proletariat der herrschenden Klasse entrissenen Reformen; internationales Zusammenwirken der Arbeiter für die sozialistische Umwälzung der Gesellschaft und gegen die geheime, kriegerische Diplomatie.

Marx hat in den Jahren 1865—71 einen großen Teil seiner Zeit der Internationale gewidmet. Ihre Fortschritte weckten

in ihm große Hoffnungen. Im Jahre 1867 schreibt er an Engels:
„Die Dinge marschieren. Und bei der nächsten Revolution, die vielleicht näher ist, als es aussieht, haben wir (das heißt Du und ich) diese mächtige Maschinerie in unserer Hand." (Marx-Engels-Briefwechsel, 3. Band, Seite 406.)

Die Internationale machte drei Phasen durch: von 1865 bis 1867 herrschten die Proudhonisten vor; von 1868 bis 1870 war der Marxismus im Aufstieg; von 1871 bis zu ihrem Zusammenbruch wurde sie von den Bakunisten beherrscht und gesprengt. Sowohl die Proudhonisten wie die Bakunisten waren gegen die politische Aktion und für die föderativ-wirtschaftliche Organisationsform der Gesellschaft; nur waren die Bakunisten auch Kommunisten, während die Proudhonisten einen Widerwillen gegen den Kommunismus hatten. Beide Gruppen waren nur insofern mit Marx einverstanden, als er die Oekonomie zur Grundlage der proletarischen Aktion machte. Beide Gruppen klagten ihn jedoch an, daß er autoritär sei und die ganze Macht der Internationale in seine Hände zu zentralisieren strebte. Neben unüberbrückbaren theoretischen Gegensätzen traten in der Internationale auch Rassen- und nationale Vorurteile als zersetzende Faktoren hervor. Die romanischen und russischen Anarchisten hielten Marx für einen Pangermanen, umgekehrt hielten einige Marxisten Bakunin für einen Panslawisten. Noch im Jahre 1914, in den ersten Monaten des Weltkrieges, schrieb Prof. James Guillaume, der letzte Bakunist, eine Broschüre: „*Karl Marx, Pangermaniste*" (Paris).

Michael Bakunin (geb. 1814 bei Twer, Rußland, gest. 1876 in Bern) lebte und studierte in den vierziger Jahren in Deutschland. Er nahm 1848—49 an der Revolution teil, wurde verhaftet, dann an Rußland ausgeliefert und nach Sibirien verband, von wo er 1856 flüchtete und dann in verschiedenen Ländern Westeuropas lebte. Er war theoretisch unbedeutend und trug zur Bereicherung der anarchistischen Gedankenwelt wenig bei; er zeichnete sich jedoch durch große revolutionäre Tatkraft und Aufopferungsfähigkeit aus; der Einfluß, den er ausübte, entsprang seinem Charakter. Mit den Junghegelianern sowie mit Marx, Engels, Wilhelm

ELEANOR MARX-AVELING

Wolff war er seit Anfang der vierziger Jahre bekannt. Bis Ende 1868 anerkannte er Marxens geistige Ueberlegenheit, wie aus folgendem von ihm an Marx gerichteten Schreiben hervorgeht:

„22. Dezember 1868, Genf, 123 Montbrillant. Serno hat mir einen Teil Deines Briefes mitgeteilt, der mich angeht. Du fragst ihn, ob ich nach wie vor Dein Freund bleibe. Ja, mehr als ej, lieber Marx, denn besser als je verstehe ich jetzt, wie sehr Du recht hast, wenn Du die Heerstraße der ökonomischen Revolution verfolgst und uns einlädst, sie zu betreten, und wenn Du jene unter uns herabsetzest, die sich in den Seitenpfaden teils nationaler, teils ausschließlich politischer Unternehmungen verirren. Ich tue jetzt dasselbe, was Du seit mehr als zwanzig Jahren tust. — Seit dem feierlichen und öffentlichen Abschied, den ich den Bourgeois des Berner Kongresses gegeben, kenne ich keine andere Gesellschaft mehr, kein anderes Milieu, als die Welt der Arbeiter. — Mein Vaterland ist von jetzt an die „Internationale", zu deren hervorragendsten Gründern Du gehörst. Du siehst, lieber Freund, daß ich Dein Schüler bin — und ich bin stolz, es zu sein. Das genügt, Dir meine Stellung und meine persönliche Gesinnung zu erklären." . . . (Neue Zeit, 19. Jahrgang, 1. Band, Seite 6.)

Diese Jüngerschaft hinderte Bakunin indes nicht, eine geheime Sonderorganisation zu gründen, die zur Sprengung der Internationale beitrug. Uebrigens war die Internationale nur eine Art Schule für sozialistische Offiziere, die ihre Armeen erst schaffen sollten, aber sie erwies sich doch erfolgreicher, als sogar Marx selbst geglaubt hatte: die marxistischen Grundgedanken verdrängten alle anderen sozialrevolutionären Systeme, die innerhalb der Arbeiterbewegung sich bemerkbar gemacht hatten.

6. Pariser Kommune.

Am 1. September 1870 wurden Teile des französischen Heeres bei Sedan geschlagen und am folgenden Tag zur Waffenstreckung gezwungen. Unter den Gefangenen befand sich Louis Bonaparte, der Kaiser der Franzosen. Am 4. September stürzte das Kaiserreich und Frankreich wurde zur Republik erklärt. Am 6. September schreibt Marx an Engels:

„Die französische Sektion der Internationale reiste von London nach Paris, um dort Dummheiten im Namen der Internationale zu machen. Sie wollen die Provisorische Regierung stürzen, Commune de Paris errichten." (Briefwechsel, 4. Band, Seite 330.)

Obwohl die provisorische Regierung der neugebackenen französischen Republik keineswegs aus volksfreundlichen Personen zusammengesetzt war, sprachen sich Marx und Engels *gegen* jede revolutionäre Aktion der Pariser Arbeiter aus. In der am 9. September geschriebenen zweiten Adresse (Erklärung) des Generalrats der Internationale, die von Marx verfaßt wurde, wird hierüber gesagt:

„So findet sich die französische Arbeiterklasse in äußerst schwierige Umstände versetzt. Jeder Versuch, die neue Regierung zu stürzen, wo der Feind schon an die Tore von Paris pocht, wäre eine verzweifelte Torheit. Die französischen Arbeiter müssen ihre Pflicht als Bürger tun; aber sie dürfen sich nicht beherrschen lassen durch die nationalen Erinnerungen von 1792 . . . Sie haben nicht die Vergangenheit zu wiederholen, sondern die Zukunft aufzubauen. Mögen sie ruhig und entschlossen die Mittel auszunutzen, die ihnen die republikanische Freiheit gewährt, um die Organisation ihrer eignen Klasse gründlich durchzuführen. Das wird ihnen neue, herkulische Kräfte geben für die Wiedergeburt Frankreichs und für unsere gemeinsame Aufgabe — die Befreiung des Proletariats." (Bürgerkrieg in Frankreich, zweite Adresse.)

Marx legte also den französischen Arbeitern ans Herz, keine Dummheiten zu machen, keine revolutionäre Kommune von Paris zu errichten, sondern die republikanischen Freiheiten zu benutzen, proletarische Organisationen zu schaffen und die Kräfte zu sparen und zu disziplinieren für zukünftige Aufgaben. Die Verhältnisse erwiesen sich jedoch viel stärker als alle Worte der Weisheit. Aufgestachelt durch die antidemokratischen Versuche der Regierungsmänner, tief gedemütigt durch die Niederlagen der französischen Heere, entbrannt von Liebe zu ihrem Vaterlande und aufgepeitscht vom Zorne gegen die „Capitulards" (Waffenstrecker), schlugen die Pariser Arbeiter Marxens Worte in den Wind und machten am 18. März 1871 die Revolution, indem sie die Pariser Kommune proklamierten. Paris sollte das Haupt einer sozialen

Republik werden. Nach sieben Wochen war die Pariser Revolution niedergeworfen — und „Vae victis!" (Wehe den Besiegten!) Marx schrieb sodann die Broschüre über den „Bürgerkrieg in Frankreich 1871", die zu seinen reifsten Werken gehört. Er zerschnitt nicht das Tischtuch zwischen sich und den Revolutionären — den Bolschewiki jener Zeit —, sondern verteidigte sie mit unübertrefflicher Wucht. Sie ist der Schwanengesang Marxens und der ersten Internationale.

7. Lebensabend.

Die letzten zwölf Jahre seines Lebens hatte Marx fast ununterbrochen mit verschiedenen körperlichen Leiden zu kämpfen, die sämtlich einem chronischen Leberleiden und der Ueberanstrengung geschuldet waren. Sein Werk, dem er, wie er einem amerikanischen Freunde schrieb, „Gesundheit, Lebensglück und Familie" geopfert, blieb unvollendet. Die erzwungene Muße widmete er den Studien über amerikanische Landwirtschaft, russische ländliche Verhältnisse, zu welchem Zwecke er Russisch lernte, ebenso beschäftigte er sich mit Studien über Geldmarkt, Bankwesen, Geologie, Physiologie und höhere Mathematik. Im Jahre 1875 schrieb er seine Kritik des Gothaer Programms (Neue Zeit, 9. Jahrgang, 1. Band, Nr. 18), eine übelgelaunte, aber scharfsinnige Korrektur: sie enthält sehr wichtige Angaben über Marxens Stellung zum Staat, zur revolutionären Uebergangszeit vom Kapitalismus zum Sozialismus, schließlich zur sozialistischen Gesellschaft selbst.

Er machte eine Karlsbader Kur durch und bemühte sich, seine Gesundheit wiederherzustellen. 1877/78 war er einigermaßen arbeitsfähig und ging daran, seine Manuskripte in Ordnung zu bringen und den 2. Band „Kapital" druckfertig zu machen; bald aber zeigte sich, daß es mit seiner Arbeitsfähigkeit zu Ende war. Der körperliche und geistige Verfall war nicht mehr aufzuhalten; auch Reisen nach französischen und algerischen Kurorten erwiesen sich erfolglos. Gerade um diese Zeit begann Marx sowohl in Frankreich wie in England Anerkennung zu finden: Jules Guesde, Henry M. Hyndman, Belfort Bax machten sich daran, Marxsche Lehren zu verbreiten; es bildeten sich Parteiungen von Marxisten und Antimarxisten. Aber der Mann, dem diese Anerkennung galt, war bereits eine Ruine. Luftröhrenkatarrh, Lungengeschwüre, krampfhafte Hustenanfälle usw., sowie das Hinscheiden seiner Frau am 2. Dezember 1881 und seiner ältesten Tochter (Frau Longuet) im Januar 1883 gaben dem geschwächten Körper den Todesstoß: am 14. März 1883 hauchte Marx seinen Geist aus. Engels schildert diesen Moment in einem Schreiben vom 15. März 1883 an seinen amerikanischen Freund Sorge:

„Gestern mittag 2,30, seine beste Tagesbesuchszeit, kam ich hin — das Haus in Tränen, es scheine zu Ende zu gehen. Ich erkundigte mich, suchte der Sache auf den Grund zu kommen, zu trösten. Eine kleine Blutung, aber ein plötzliches Zusammensinken war eingetreten. Unser altes braves Lenchen, das ihn gepflegt, wie keine Mutter ihr Kind pflegt, ging hinauf, kam herunter: er sei halb im Schlaf, ich möge mitkommen. Als wir eintraten, lag er da, schlafend, aber um nicht mehr aufzuwachen. Puls und Atem waren fort. In den zwei Minuten war er ruhig und schmerzlos entschlummert... Die Menschheit ist um einen Kopf kürzer gemacht, und zwar um den bedeutendsten Kopf, den sie heutzutage hatte. Die Bewegung des Proletariats geht ihren Gang weiter, aber der Zentralpunkt ist dahin, an dem Franzosen, Russen, Amerikaner, Deutsche in entscheidenden Augenblicken sich von selbst wandten, um jedesmal den klaren unwidersprechlichen Rat zu erhalten, den nur das Genie und die vollendete Sachkenntnis geben konnte."

Samstag, den 17. März, wurde er auf dem Friedhof zu Highgate (London-Nord) bestattet. Am Grabe sprachen u. a. Friedrich Engels und Wilhelm Liebknecht. Ersterer gab einen Abriß seiner revolutionären Kämpfe und sagte:

„Wie Darwin das Gesetz der Entwicklung der organischen Natur, so entdeckte Marx das Entwicklungsgesetz der menschlichen Geschichte; die bisher unter ideologischen Ueberwucherungen verdeckte einfache Tatsachen, daß die Menschen vor allen Dingen zuerst essen, trinken, wohnen und sich kleiden müssen, ehe sie Politik, Wissenschaft, Kunst, Religion usw. treiben können, daß also die Produktion der materiellen Lebensmittel und damit die jedesmalige ökonomische Entwicklungsstufe eines Volkes oder eines Zeitabschnitts die Grundlage bildet, aus der sich die Staatseinrichtungen, die Rechtsanschauungen, die Kunst und selbst die religiösen Vorstellungen der betreffenden Men-

KARL MARX' GRAB
AUF DEM FRIEDHOFE ZU HIGHGATE IN LONDON
(Nach einer Photographie von Karl Pinkau, Leipzig)

schen entwickelt haben und aus der sie daher auch erklärt werden müssen, — nicht, wie bisher geschehen, umgekehrt. Marx entdeckte auch das spezielle Bewegungsgesetz der heutigen kapitalistischen Produktionsweise und der von ihr erzeugten bürgerlichen Gesellschaft. Mit der Entdeckung des Mehrwerts war hier plötzlich Licht geschaffen, da alle früheren Untersuchungen sowohl der bürgerlichen Oekonomen wie der sozialistischen Kritiker im Dunkel sich verirrt haben . . ."

Nach ihm sprach Liebknecht, der aus Deutschland herbeigeeilt war, seinem Lehrer und Freunde den letzten Tribut zu zollen:

„Der Tote, dessen Verlust wir betrauern, war groß in seiner Liebe und in seinem Haß. Sein Haß entsprang der Liebe. Er war ein großes Herz, wie er ein großer Geist war . . . Er hat die Sozialdemokratie aus einer Sekte, aus einer Schule zu einer Partei gemacht, zu der Partei, welche jetzt schon unbesiegt kämpft und den Sieg erringen wird."

Engels, der ihn um zwölf Jahre überlebte, gab die beiden letzten Bände des „Kapital" heraus, während Karl Kautsky, der Schüler und Nachfolger von Engels und der eigentliche Verbreiter der Marxschen Lehren, die drei Bände Marxens historischer Studien über den Mehrwert herausgab. Letzterem Werke fehlt nicht viel, um eine große Geschichte der Volkswirtschaftslehre zu sein.

IV. Die Marxsche Soziologie.

1. Die materialistische Geschichtsauffassung.

Als Leitfaden zu seinen Studien bediente sich Marx seit 1843/44 der Geschichtsauffassung oder Forschungsmethode, die — im Gegensatz zur idealistischen Geschichtsauffassung Hegels — materialistisch genannt wird. Da sie dialektisch ist — da sie den in Gegensätzen sich bewegenden Gesellschaftsprozeß begrifflich erfassen will —, so ist sie, ebenso wie Hegels Dialektik, eine Geschichtsauffassung und eine Forschungsmethode zugleich. Marx arbeitete seine Forschungsmethode nirgends eingehend und besonders aus; ihre Elemente sind in seinen Schriften verstreut, insbesondere im Kommunistischen Manifest und im Elend der Philosophie, und dienen entweder polemischen oder beweisführenden Zwecken. Nur im Vorwort zu seinem Buch: „Zur Kritik der politischen Oekonomie" (1859) gab er auf zwei Druckseiten einen Umriß seiner Geschichtsauffassung, aber in Ausdrücken, die nicht immer klar, konsequent oder einwandfrei sind. Marx hatte die Absicht, eine Logik zu schreiben, wo er sicherlich seine materialistische Dialektik klar formuliert hätte. Aber auch so, wie seine Grundgedanken über den fraglichen Gegenstand vorliegen, läßt sich aus ihnen seine Auffassung herausschälen:

Ein Blick auf die menschliche Geschichte genügt, um uns zu belehren, daß die Menschen von Zeitabschnitt zu Zeitabschnitt verschiedene Ansichten über Recht, Sittlichkeit, Religion, Staat, Philosophie, Landwirtschaft, Handel, Gewerbe usw. für wahr oder falsch hielten, daß sie verschiedene wirtschaftliche Einrichtungen, Gesellschafts- und Staatsformen hatten, daß sie eine endlose Reihe von Kämpfen und Kriegen und Wanderungen durchmachten. Woher stammt diese verwirrende Mannigfaltigkeit des menschlichen Denkens und Tuns? Marx stellte sich diese Frage, wobei es sich ihm *nicht* in erster Linie darum handelte, die *Entstehung* des Denkens, des Rechts, der Religion, der Gesellschaft, des Handels usw. zu entdecken; diese nahm er als geschichtlich gegeben an. Ihm handelte es sich vielmehr darum, die Ursachen, die Beweggründe oder die Triebfedern zu entdecken, die die *Aenderungen* und *Umwälzungen* in den Inhalten und Formen der geistigen und gesellschaftlichen Erscheinungen hervorrufen oder die Tendenzen hierzu erzeugen. Mit einem Wort: Marxen interessierte hier nicht der Ursprung, sondern die Dialektik (Entwicklung und Aenderung) der Dinge — das revolutionäre Element der Geschichte.

Marx antwortet: Die Triebkräfte der menschlichen Gesellschaft, die die wechselnden Inhalte des Fühlens, Denkens, also des menschlichen Bewußtseins hervorrufen, oder die verschiedenen gesellschaftlichen Einrichtungen und Konflikte entstehen lassen, entstammen nicht in erster Linie dem Denken, der Idee, der Weltvernunft oder dem Weltgeist, sondern den materiellen Lebensverhältnissen. Die Grundlage der Menschheitsgeschichte ist also materiell. Materielle Lebensverhältnisse — das heißt: die Art, wie die Menschen als gesellschaftliche Wesen mit Hilfe der sie umgebenden Natur und mit Hilfe der ihnen selber innewohnenden körperlichen und geistigen Fähigkeiten ihr materielles Leben gestalten, ihren Lebensunterhalt schaffen, die notwendigen Güter zur Befriedigung ihrer Bedürfnisse herstellen, verteilen und austauschen.

Von sämtlichen Kategorien des materiellen Lebens ist die *Produktion*, die Herstellung der Lebensmittel, die wichtigste. Und diese wird bestimmt durch die *Produktionskräfte*. Diese sind zweierlei Art: sachliche und persönliche. Die sachlichen Produktionskräfte sind: Grund und Boden, Wasser, Klima, Rohstoffe, Werkzeuge und Maschinen. Die persönlichen Produktionskräfte sind: die Arbeiter, die naturwissenschaftlichen Forscher, die Techniker, endlich die Rasse: die geschichtlich erworbenen, arbeitsfördernden Eigenschaften bestimmter Menschheitsgruppen.

Unter sämtlichen Produktionskräften nehmen die Arbeiter die erste Stelle ein: sie sind die einzigen Kräfte, die in der kapitalistischen Gesellschaft Werte schaffen. Die nächstwichtige Stelle nimmt die moderne Technologie ein; sie ist eine eminent umwälzende und umschichtende Kraft in der Gesellschaft (Kapital, I., 12., 13. und 14. Kapitel; Elend der Philosophie, 188, Seite 100—101).

Halten wir den Begriff: „*Produktionskräfte*" fest, denn er spielt bei Marx eine wichtige Rolle. Wir kommen nun zu dem anderen ebenso wichtigen Begriff: „*Produktionsverhältnisse*" Hierunter versteht Marx die staatlichen und rechtlichen Formen, Bestimmungen und Gesetze, sowie die Gruppierung der gesellschaftlichen Schichten und Klassen: also die gesellschaftlichen Zustände, die das Eigentum regeln und die die gegenseitigen menschlichen Beziehungen bestimmen, unter denen produziert wird. Die Produktionsverhältnisse sind gesellschaftliches Menschenwerk. Ebenso wie die Menschen aus den ihnen von der Natur gelieferten Rohstoffen und Kräften verschiedene materielle Güter herstellen, so schaffen sie aus den Einwirkungen der Produktionskräfte auf den Geist bestimmte gesellschaftliche, politische, rechtliche Einrichtungen sowie religiöse, sittliche und philosophische Systeme:

„Die Menschen machen ihre Geschichte, aber nicht aus freien Stücken, nicht unter selbstgewählten, sondern unter unmittelbar vorgefundenen, gegebenen und überlieferten Umständen." (Marx, Der achtzehnte Brumaire, I.)

Das heißt: unter den Einwirkungen der produktiven Arbeit und deren Bedürfnisse bauen die Menschen ihre Gesellschaftsform, ihren Staat, ihre Religion, ihre Philosophie und Wissenschaft auf. Die wirtschaftliche Produktion bildet den Unterbau, während die politischen, religiösen und philosophischen Systeme den Ueberbau oder die Stockwerke bilden. Und zwar so, daß der Ueberbau dem Fundamente entspricht, ihm Kraft und Förderung verleiht. Das Fundament ist materiell, der Ueberbau ist der geistige Reflex und die geistige Wirkung.

In groben Umrissen läßt sich diese Auffassung etwa wie folgt beleuchten:
Urgeschichtliche Menschengruppen haben Gemeinwirtschaft und sind nach Blutsverwandtschaft organisiert. Ihre Gottheiten haben die Eigenschaften ihrer natürlichen Umwelt und widerspiegeln die physischen Wirkungen dieser Umwelt auf das primitive Geistesleben der „Wilden"; ihre Religion, ihre Moral und ihr Recht fördern das Gemeinschaftsleben und die Stammesdisziplin. Die feudale Gesellschaft beruht auf dem Grundbesitz des Adels und auf dem gewerblichen Schaffen der städtischen Korporationen. Die überlieferten religiösen Begriffe werden bald im Sinne der Herrschaftsinteressen dieser Bevölkerungsgeschichte umgebildet (Verwandlung des Urchristentums in eine Staatsreligion); alle diesen Interessen widerstrebenden religiösen, ethischen und philosophischen Ideen werden bekämpft und verfolgt. Die bürgerliche, auf persönlichem Eigentum beruhende Gesellschaft ist bestrebt, alle Ueberreste des Gemeinschafts- und Korporationsrechts zu beseitigen, den Einzelmenschen zu befreien, den Boden und die Arbeit zu mobilisieren, den Feudalismus sowie das alte Kirchen- und Klosterwesen abzuschaffen und an deren Stelle den individuellen Verkehr zwischen Mensch und Gott: das persönliche Gewissen zu setzen (Reformation), ebenso ein individuelles Recht einzuführen; sie bekämpft die Einrichtung der selbstherrlichen feudalen Herrschaftsgebiete und tritt ein für ein einheitliches nationales Gebiet, das dem Handel und Verkehr größere Bewegungsfreiheit gewährt; sie unterstützt den Absolutismus, solange dieser im Kampfe mit den Feudalherren sich befindet; und wenn dann der Absolutismus die Entfaltung des Bürgertums hindert, bekämpf es auch ihn und verlangt eine konstitutionelle Monarchie oder die Republik. Und alles das geschieht nicht etwa, weil bestimmte Menschenköpfe aus sich heraus: durch scharfes Denken, durch Erleuchtung oder durch eine übersinnliche Macht hierzu berufen werden, sondern infolge des unvermeidlichen Wirkens der materiellen Grundlage, des wirtschaftlichen Unterbaues der Gesellschaft auf den Geist, der das äußere Wirkliche ins Begriffliche — ins Religiöse, Rechtliche, Philosophische — übersetzt und verarbeitet:

„Es ist nicht das Bewußtsein der Menschen, das ihr Sein, sondern umgekehrt ihr gesellschaftliches Sein, das ihr Bewußtsein bestimmt." (Marx, Vorwort zur Kritik.)

Die Menschen, auch die heroenhaften, sind nicht die Schöpfer und souveränen Gesetzgeber der gesellschaftlichen Entwicklung, sondern deren Vollzugsorgane: sie führen nur die Tendenzen und Strömungen aus, die durch die materiellen Grundlagen der Gesellschaft erzeugt wurden. Aber es hängt doch sehr viel von den Vollzugsbeamten ab. Besitzen sie umfassendes Wissen, energische Charaktere und hervorragende Fähigkeiten, so können sie innerhalb der ihnen gezogenen Grenzen Großes leisten und die Entwicklung beschleunigen.

Wir haben oben vielfach von Interessen gesprochen. Hierunter wurden nicht persönliche, sondern allgemein gesellschaftliche oder Klasseninteressen verstanden. Marx ist nicht der Ansicht, daß jedermann nach seinem persönlichen Nutzen handelt. Das ist nicht die Lehre Marxens, sondern der bürgerlichen Moralphilosophen, wie Helvetius (1715—1771) und Bentham (1748—1832), die den Vorteil und Schaden, die Lust und den Schmerz des Einzelmenschen als Wertmaßstäbe und Beweggründe seines Tuns und Lassens betrachten. Marx ist vielmehr der Ansicht, daß die Menschen oft in wichtigen Lebensangelegenheiten gegen ihre persönlichen Interessen handeln, da sie sich in ihrem Empfinden und Denken mit dem identifizieren, was sie für das Gemeininteresse oder Klasseninteresse halten. Nach Marx spielt überhaupt das Einzelinteresse eine geringe Rolle in der Geschichte. Ihm kommt es auf das Gesamtinteresse der gesellschaftlichen Produktion an. Nur dieses hält er für maßgebend beim Aufrichten des geistigen Ueberbaues.

Wir haben bis jetzt nur von verschiedenen Produktions- und Gesellschaftsformen und diesen entsprechenden geistigen Systemen gesprochen. Wir wissen aber noch nicht, wieso und warum eine Produktions- und Gesellschaftsform veraltet und einer anderen Platz macht, das heißt: wieso und warum revolutionäre Aenderungen sich vollziehen. Oder mit anderen Worten: Wir haben bis jetzt die Statik der Gesellschaft gesehen; wir wollen jetzt ihre Dynamik betrachten.

Die revolutionären Aenderungen der Gesellschaft hängen von zwei Gruppen von Erscheinungen ab, die zwar miteinander ursächlich verbunden sind, aber doch verschiedene Aufgaben erfüllen. Die eine Gruppe von Erscheinungen ist sachlich: sie besteht aus Aenderungen der Produktionskräfte. Die andere Gruppe, die Wirkung der ersteren, ist persönlicher Natur: sie besteht aus Kämpfen zwischen den gesellschaftlichen Klassen. Sehen wir uns die erstere Gruppe von Ursachen an:

Dehnen sich die Produktionskräfte aus: durch größere Geschicklichkeit der Arbeiter, durch Entdeckungen neuer Rohstoffe und Absatzgebiete, durch Erfindung neuer Arbeitsmethoden, Werkzeuge und Maschinen, durch Anwendung der Wissenschaft auf die Produktion, durch bessere Organisation und Erweiterung des Handels und Verkehrs, — also ändert sich die materielle Grundlage oder der wirtschaftliche Unterbau der Gesellschaft, so hören die alten Produktionsverhältnisse auf, den Interessen der Produktion zu dienen. Denn die Produktionsverhältnisse: die frühere gesellschaftliche Schichtung, die früheren Gesetze, staatlichen Einrichtungen und geistigen Systeme waren einem Zustande von Produktionskräften angepaßt, der im Verschwinden begriffen ist oder nicht mehr existiert. Der gesellschaftliche und geistige Ueberbau entspricht nicht mehr dem wirtschaftlichen Unterbau. Produktionskräfte und Produktionsverhältnisse geraten in einen Gegensatz zueinander.

Dieser Gegensatz zwischen neuem Wesen und alter Form, dieser Konflikt zwischen neuen Ursachen und den veralteten Wirkungen verschwundener Ursachen, beginnt nach und nach auf das Denken der Menschen zu wirken. Die Menschen beginnen zu fühlen, daß sie einer neuen äußeren Welt gegenüberstehen, daß eine neue Aera eröffnet ist. Die gesellschaftliche Schichtung wird eine andere; früher verachtete Stände und Klassen gewinnen an wirtschaftlicher und sozialer Macht; früher hochgeachtete Stände versinken. Während diese Umwälzung des sozialen Unterbaues vor sich geht, klammern sich die alten religiösen, rechtlichen, philosophischen und politischen Systeme an ihre überlieferten Stellungen und wollen noch weiter bestehen, obwohl sie veraltet sind und die geistigen Bedürfnisse nicht mehr befriedigen können. Denn das menschliche Denken ist konservativ: es folgt nur langsam den äußeren Geschehnissen, ebenso wie unser Auge die Sonne in einem Winkel erblickt, in dem sie sich in Wirklichkeit nicht mehr befindet, denn die Strahlen brauchen einige Minuten Zeit, um unseren Sehnerv zu treffen. Erinnern wir uns an das schöne Bild Hegels: „Die Eule der Minerva beginnt erst mit der einbrechenden Dämmerung ihren Flug." Verspätet zwar, aber sie beginnt ihn doch. Nach und nach entstehen große Denker, die die neue Lage erklären, neue Begriffe und Gedankengänge schaffen, die der neuen Lage entsprechen. Es entstehen im menschlichen Bewußtsein beängstigende Zweifel und Fragen, dann neue Wahrheiten; es kommt zu Meinungsverschiedenheiten, Disputationen, Zerwürfnissen, Spaltungen, Klassenkämpfen und Revolutionen.

Wir werden uns im folgenden Kapitel näher mit dem modernen Klassenkampf beschäftigen. Inzwischen wollen wir den Klassenkampf im allgemeinen betrachten.

In primitiven Gesellschaften, wo das Privateigentum entweder noch unbekannt oder noch unentwickelt ist, gibt es keine Klassenunterschiede, keine Klassenherrschaft und keine Klassengegensätze. Der Häuptling, der Medizinmann, der Richter regelt oder bewacht die Ausführung der herkömmlichen Sitten, Gebräuche, religiösen Zeremonien und gesellschaftlichen Einrichtungen. Sobald aber infolge Handels mit anderen Völkern oder durch Kriege die alte Ordnung zersetzt wird und das Privateigentum sich entwickelt, entstehen Klassen von Besitzenden und Nichtbesitzenden. Die besitzende Klasse übt die Regierung aus, erläßt Gesetze und schafft Einrichtungen, die hauptsächlich den Zweck haben, die Interessen der besitzenden und herrschenden Klasse zu schützen. Der geistige Ueberbau der Klassengesellschaft entspricht ebenfalls den Interessen der Besitzenden und Herrschenden. Solange diese Interessen das Gemeinwohl einigermaßen fördern, solange die alte Produktionsform und die alten Produktionsverhältnisse im großen ganzen miteinander harmonieren, herrscht ein gewisser Waffenstillstand zwischen den Klassen. Treten aber die obenerwähnten Gegensätze zwischen den Produktionskräften und Produktionsverhältnissen ein, so hören diese auf, die beherrschten Klassen zu befriedigen, und Klassenkonflikte machen sich bemerkbar, die entweder zu gesetzlichen Kompromissen (Reformen) gelangen, oder mit dem Untergang der betreffenden Gesellschaft endigen, oder zur Erneuerung der Verhältnisse führen. Die antike Geschichte (die hebräische, griechische, römische) ist voll von diesen sozialen Kämpfen; sämtliche große Reformgesetze dieser Völker waren Versuche, den sozialen Frieden herzustellen, aber die Armen und Reichen, die Patrizier und Plebejer, die Freien und die Sklaven führten ihre Kämpfe fort bis zum Untergange der alten Welt, die uns als Früchte dieser Kämpfe große geistige Schätze hinterließ. Im Mittelalter entbrennen soziale Kämpfe zwischen Feudalen und Gewerbetreibenden, zwischen Adel und Bauerntum. In der neuen und neuesten Zeit kämpft das Bürgertum gegen Autokratie und Junkertum, sodann das Proletariat gegen die Bourgeoisie, — Klassenkämpfe, die zu Rebellionen und Revolutionen führen und das geistige Leben stark beeinflussen.

Aus diesen historischen Gegensätzen und Kämpfen entsprangen die von den Führern der gesellschaftlichen Gruppen und Klassen getragenen geistigen und politischen Gegensätze, von denen die Weltgeschichte Kunde gibt: Gegensätze zwischen den religiösen und philosophischen Systemen: Brahma und Buddha, Baal und Jahwe, Nationalgott und Weltgott, Heidentum und Christentum, Katholizismus und Protestantismus, Materialismus und Idealismus, Realismus und Nominalismus. So abstrakt, so metaphysisch, so entfernt sie vom wirklichen Leben und von der materiellen Produktion zu liegen scheinen, so sind sie doch durch viele Mittelglieder hindurch auf die Aenderungen in der ökonomischen Grundlage der betreffenden Gesellschaft, auf die Widersprüche zwischen dieser Grundlage und den Produktionsverhältnissen sowie auf die hieraus entspringenden großen, massenhaften Interessenkämpfe als letzte Instanz zurückzuführen. Durch eine fortschreitend geringere Zahl von Mittelgliedern sind die gegeneinander ringenden ethischen, politischen und wirtschaftspolitischen Systeme, sowie nationale und Weltkriege von der realen Basis der Gesellschaft getrennt: die Fragen: idealistische oder utilitarische Ethik, Monarchie oder Republik, Oligarchie oder Demokratie, Schutzzoll oder Freihandel, Staatsregulierung oder freies Spiel der wirtschaftlichen Kräfte, Sozialismus oder Privatwirtschaft, usw., so erhabene und allgemein menschliche Argumente und ideale Beweggründe ihre Vorkämpfer anführen mögen, sind an die **materielle Grundlage** und die zu ihr in einen Widerspruch geratenen **Produktionsverhältnisse** geknüpft.

Im Kommunistischen Manifest fassen Marx und Engels diese Gedanken in popularisierter Form wie folgt zusammen:

> Bedarf es tiefer Einsicht, um zu begreifen, daß mit den Lebensverhältnissen der Menschen, mit ihren gesellschaftlichen Beziehungen, mit ihrem gesellschaftlichen Dasein, auch ihre Vorstellungen, Anschauungen und Begriffe, mit einem Worte auch ihr Bewußtsein sich ändert? Was beweist die Geschichte der Ideen anders, als daß die geistige Produktion sich mit der materiellen umgestaltet? Die herrschenden Ideen einer Zeit waren stets nur die Ideen der herrschenden Klasse. Man spricht von Ideen, welche eine ganze Gesellschaft revolutionieren: man spricht damit nur die Tatsache aus, daß sich innerhalb der alten Gesellschaft die Elemente einer neuen gebildet haben, daß mit der Auflösung der alten Lebensverhältnisse die Auflösung der alten Ideen gleichen Schritt hält. Als die antike Welt im Untergehen begriffen war, wurden die alten Religionen von der christlichen Religion besiegt. Als die christlichen Ideen im 18. Jahrhundert den Aufklärungsideen unterlagen, rang die feudale Gesellschaft ihren Todeskampf mit der damals revolutionären Bourgeoisie. Die Ideen der Gewissens- und Religionsfreiheit sprachen nur die Herrschaft der freien Konkurrenz auf dem Gebiete des Wissens aus.

Nun einen Schritt weiter. Wenn die Produktionsbedingungen: die gesellschaftliche Schichtung und die Eigentumsgesetze, zu Fesseln der Produktionskräfte werden; wenn die Interessengegensätze sich zu Klassenkämpfen verdichten und erhitzen, tritt ein Zeitabschnitt der sozialen Revolution ein:

> „Mit der Veränderung der ökonomischen Grundlage wälzt sich der ganze ungeheure Ueberbau langsamer oder schneller um. In der Betrachtung solcher Umwälzungen muß man stets

unterscheiden zwischen der materiellen, naturwissenschaftlich treu zu konstatierenden Umwälzung in den ökonomischen Produktionsbedingungen und den juristischen, politischen, religiösen, künstlerischen oder philosophischen, kurz ideologischen Formen, worin sich die Menschen dieses Konflikts bewußt werden und ihn ausfechten. So wenig man das, was ein Individuum ist, nach dem beurteilt, was es sich selbst dünkt, ebensowenig kann man eine solche Umwälzungsepoche aus ihrem Bewußtsein beurteilen, sondern muß vielmehr dies Bewußtsein aus den Widersprüchen des materiellen Lebens, aus dem vorhandenen Konflikt zwischen gesellschaftlichen Produktivkräften und Produktionsverhältnissen erklären." (Vorwort „Zur Kritik".)

Der revolutionäre Zeitabschnitt schließt erst ab, wenn die widerspruchsvoll gewordene Gesellschaftsformation alle Produktionskräfte befreit, von den Fesseln gelöst, und die ihnen entsprechenden neuen Produktionsverhältnisse geschaffen hat. Die alte, dem Untergange geweihte Gesellschaft brütet die neuen materiellen Existenzbedingungen aus, ehe sie in die Vergangenheit versinkt. Die Menschen, die das Werden der neuen Gesellschaft fördern, beschäftigen sich demgemäß mit Problemen, die sie lösen können, da die Elemente hierzu in der materiellen Entwicklung gegeben sind. Ja, sie stellen sich die Probleme nur deshalb, weil diese, erkenntnistheoretisch betrachtet, lediglich die begriffliche Erfassung der Widersprüche und der Vorgänge des Werdeprozesses innerhalb der sich umwälzenden Gesellschaft sind.

Der Kern der bisherigen Entwicklung der Menschheitsgeschichte ist demnach eine Reihenfolge von Phasen in der fortschreitenden dialektischen Entfaltung und Vervollkommnung der Produktionskräfte:

„In großen Umrissen", sagt Marx, „können asiatische, antike, feudale und modern bürgerliche Produktionsweisen als progressive Epochen der ökonomischen Gesellschaftsformation bezeichnet werden. Die bürgerlichen Produktionsverhältnisse sind die letzte gegensätzliche Form des gesellschaftlichen Produktionsprozesses, gegensätzlich nicht im Sinn von Gegensätzen zwischen Einzelmenschen, sondern eines aus den gesellschaftlichen Lebensbedingungen der Individuen hervorwachsenden Gegensatzes; aber die im Schoß der bürgerlichen Gesellschaft sich entwickelnden Produktivkräfte schaffen zugleich die materiellen Bedingungen zur Lösung dieses Gegensatzes. Mit dieser Gesellschaftsformation schließt daher die Vorgeschichte der menschlichen Gesellschaft ab." (Vorwort „Zur Kritik".)

Vorgeschichte der menschlichen Gesellschaft! Wie bedeutungsvoll diese Worte! Die kapitalistische Wirtschaftsordnung ist die letzte Phase dieser ganzen Vorgeschichte, die mit Strömen von Blut und Tränen der Besitzlosen und Bedrückten geschrieben ist und die zur Aufgabe hatte, die Produktionskräfte zu entfalten, die Menschen von den materiellen Fesseln zu befreien, damit sie in die eigentliche Geschichte geistiger Kultur eintreten können. Die materialistische Geschichtsauffassung, ideallos und unethisch wie alle Naturwissenschaft, eröffnet weite, herzerhebende Perspektiven. Jahrtausende währte das physische Emporringen des Menschen aus dem Tierreiche — ein Emporringen unter der Zuchtrute der fühllosen Natur. Jahrtausende arbeitete dann der aus dem Tierreich sich emporgerungene Mensch an der Grundlegung der menschlichen Gesellschaft — einer Grundlegung, die sich unter der Hungerpeitsche hartherziger Zuchtmeister vollzog und die intellektuellen Fähigkeiten der Menschen mächtig entfaltete, aber das Ideal der Gerechtigkeit und der Menschenliebe nur wie einen fernen, unerreichbaren Stern aufleuchten ließ.

Die materialistische Geschichtsauffassung hat sich als eine sehr fruchtbare historische Forschungsmethode erwiesen. Verschiedene ihrer Gedanken wurden teils vor, teils gleichzeitig mit Marx ausgesprochen. Die Umschichtung der Gesellschaft und die Kämpfe, die der englischen industriellen Revolution (1760—1825) oder die später überall dem Uebergange vom Agrar- zum Industriestaat auf dem Fuße folgten, waren zu greifbar, um übersehen werden zu können. Nun war es Marx, der diese Gedanken mit Hilfe der Hegelschen Dialektik zusammenfaßte, sie zu einer Forschungsmethode machte und sie in den Dienst des Sozialismus und der Geschichtsforschung stellte.

2. Klasse, Klassenkampf und Klassenbewußtsein.

Einer der wichtigsten Beiträge Marxens zur Erkenntnis geschichtlicher Vorgänge ist sein Gedanke der gesellschaftlichen Klasse und der Klassenkämpfe. Wenn es auch schon vor Marx Geschichtsschreiber, Geschichtsforscher und Politiker gab, die auf die Rolle, welche die gesellschaftlichen Klassen in der Politik und in sozialen Umwälzungen spielen, hinwiesen, so war es doch erst Marx, der diesen Gedanken in seiner ganzen Tiefe und Bedeutung erfaßt, formuliert und ihn zu einem festen Bestandteile des politischen und sozialen Denkens gemacht hat. Er sagt hierüber im Kommunistischen Manifest:

> Die eigentlich sozialistischen und kommunistischen Systeme, die Systeme St. Simons, Fouriers, Owens usw. tauchen auf in der ersten unentwickelten Periode des Kampfes zwischen Proletariat und Bourgeoisie. Die Erfinder dieser Systeme sehen zwar den Gegensatz der Klassen wie die Wirksamkeit der auflösenden Elemente in der herrschenden Gesellschaft selbst. Aber sie erblicken auf der Seite des Proletariats keine geschichtliche Selbsttätigkeit, keine ihm eigentümliche politische Bewegung.

Die Klassifikation der verschiedenen Gruppen der Gesellschaft oder die Einteilung der menschlichen Gesellschaft in Klassen, ist ein ebenso logischer Vorgang, das heißt ein durch das vernünftige Denken erreichtes Ergebnis, wie etwa die Einteilung der Tiere, Pflanzen und Mineralien in verschiedene Klassen. Eine bestimmte gesellschaftliche Menschengruppe, die gemeinschaftliche Merkmale aufweist, wird sozialwissenschaftlich zu einer Klasse zusammengefaßt. Rein erfahrungsmäßig, durch unmittelbare sinnliche Wahrnehmung, läßt sich die Klassifikation nicht vornehmen: Man sieht es einem modernen Menschen äußerlich nicht an, ob er Kapitalist oder Arbeiter ist. Man muß sich an bestimmte, wissenschaftlich festgestellte Merkmale halten, auf Grund welcher die Menschen gesellschaftlich klassifiziert werden. Marx, der, wie wir soeben gesehen, die wirtschaftlichen Tatsachen für grundlegend hält, bezeichnet die wirtschaftlichen Merkmale als für die Klassifikation maßgebend: Die Art und Weise, wie eine bestimmte Menschengruppe ihren Lebensunterhalt bezieht, bildet für Marx das Hauptmerkmal. Diejenigen

Menschen, deren hauptsächliche Lebensquelle der Arbeitslohn ist, bilden die Arbeiterklasse. Diejenigen Menschen, deren wichtigste Lebensquelle der Besitz von Kapital (Grund und Boden, Baulichkeiten, Werkstätten, Rohstoffen) ist, bilden die Kapitalistenklasse. Es kommt wenig darauf an, daß ein Arbeiter ein Sparkassenbuch besitzt und Zinsen erhält oder Dividenden von einem Konsumverein bezieht, oder daß ein Kapitalist persönlich die Aufsicht über seinen Betrieb führt oder sein Geschäft organisiert, so daß sein Profit zum Teile auch Aufsichtslohn oder Gehalt einschließt. Ausschlaggebend ist, daß das Hauptinteresse des ersteren auf den Arbeitslohn sich konzentriert, während das Hauptinteresse des letzteren auf das Kapital gerichtet ist.

Selbstredend sind die sozialen Klassen nicht völlig einheitlich; man kann sie, ebenso wie die zoologischen und botanischen Klassen, in Arten und Gattungen teilen; die Arbeiterklasse weist Hand- und Kopfarbeiter, gutbezahlte und schlechtentlohnte Gruppen usw. auf; aber alle Unterabteilungen der sozialen Klassen haben schließlich gemeinschaftliche ausschlaggebende Merkmale: die gemeinsame Lebensquelle, die entweder die persönliche Arbeit oder der persönliche Kapitalbesitz ist. Die eine Klasse verfügt nur über die Arbeitskraft, die andere über die Produktionsmittel.

Zwischen diesen beiden Klassen, sagt Marx, bestehen tiefe, unüberbrückbare Gegensätze, die zu einem Klassenkampfe führen. Die Gegensätze sind vor allem wirtschaftlicher Natur. Die Lohnarbeiter als Besitzer der Arbeitskraft sind bestrebt, diese so teuer als möglich zu verkaufen, das heißt: einen möglichst hohen Lohn zu erzielen, während die Kapitalbesitzer bemüht sind, die Arbeitskraft so billig als möglich zu kaufen, das heißt: einen möglichst niedrigen Lohn zu zahlen. Dieser Gegensatz ist zwar fundamental, aber er berührt vorläufig das geistige Leben nicht sehr tief. Dieser Gegensatz ist scheinbar nur wie der zwischen einem Käufer und einem Verkäufer, aber im Grunde genommen ist der Unterschied sehr groß, denn der Verkäufer von Arbeitskraft muß bald verhungern, wenn er seine Ware nicht absetzt. Der Besitzer der Produktionsmittel ist also imstande, den Besitzer von

Arbeitskraft auszuhungern, wenn dieser auf die Bedingungen des Kapitalisten nicht eingeht. Der Kapitalbesitz entpuppt sich als eine Macht, die den Arbeitskraftbesitzer niederzwingen kann.

Dieser Gegensatz führt zur Bildung von Gewerkschaften. Er liegt auch dem Klassenkampf zugrunde, aber er ist noch nicht Klassenkampf. Dieser beginnt erst, wenn die Arbeiterklasse zur Einsicht gelangt, daß ihre bedrückte Lage keine vorübergehende, sondern die Folge der privatkapitalistischen Wirtschaftsordnung sei, daß die Bedrückung dauern werde, solange diese Wirtschaftsordnung bestehe, und daß diese durch eine Wirtschaftsordnung ersetzt werden könne, in welcher die Produktionsmittel allen Mitgliedern der Gesellschaft angehören. Erst wenn die Arbeiter sozialistisch denken lernen, erst wenn aus den sporadischen, vereinzelten Lohnkämpfen und gewerkschaftlichen Aktionen der Gegensatz der Arbeiter zur bestehenden Wirtschaftsordnung hervortritt, erst wenn das Proletariat als organisierte Klasse sich von den Gegenwartsaufgaben zu den Zukunftsaufgaben zuwendet und eine Aenderung der Gesellschaft vom Privateigentum zum Gemeineigentum anstrebt, tritt es in den Klassenkampf ein. Es wird sich bewußt, daß für es in der bestehenden Gesellschaft keine Freiheit und Gleichheit existieren könne, und daß es seine Befreiung nur durch den Sozialismus zu erlangen imstande sei. Der Klassenkampf kann aber in dieser Erkenntnis stecken bleiben und zu keiner Entfaltung gelangen, also auch den dialektischen Prozeß nicht vollenden, wenn die Arbeiterklasse ihre Befreiung nicht selber in die Hand nimmt, wenn die Arbeiterklasse nicht zum Bewußtsein gelangt, daß sie die Macht hat, ihre Befreiung herbeizuführen, und deshalb sich mit kleinen sozialen Reformen begnügt oder sich auf edeldenkende, sozialfühlende Männer und heroenhafte Erlöser verläßt. Das war tatsächlich der Fall in den Anfängen der sozialistischen Bewegung, wo die Arbeiter ihren einzigen Ausweg im Sozialismus sahen, aber noch schwach waren, ihre Befreiung in ihre eigene Hand zu nehmen. Das war die Periode, die Marx die utopistische nennt, wo hervorragende Persönlichkeiten sozialistische Gedanken verbreiteten und sozialistische Pläne und Experimente machten, die arbeitenden

Massen zu befreien. Da diese Persönlichkeiten die Ohnmacht der Massen kannten, wandten sie sich an Philanthropen und humane Fürsten und suchten sie zu überzeugen, daß die Vernunft, die Gerechtigkeit und das allgemeine Wohl es erfordere, daß der Sozialismus eingeführt und Armut, Elend und deren Folgen abgeschafft würden. Diese Periode des utopischen Sozialismus wurde überwunden durch die weitere Entfaltung der Industrie, die Fortschritte der maschinellen Technik, die Zentralisation und Konzentration der Produktions- und Verkehrsmittel, die zur Folge hatten, daß die Arbeiterklasse an Zahl, Macht, Organisation und Klassenbewußtsein gewann. Insbesondere ist es die Konzentration der Produktions- und Verkehrsmittel, die der Arbeiterklasse die Möglichkeit gibt, durch Lahmlegung der Betriebe und Kraftstationen die ganze Gesellschaft fühlen zu lassen, daß die lebendige Arbeitskraft die Seele des ganzen Wirtschaftslebens bilde.

Gleichzeitig traten sozialistische Forscher auf, die nicht nur das Vernünftige und Gerechte des Sozialismus zeigten, sondern auch den Nachweis führten, daß im Schoße des Kapitalismus die neue sozialistische Wirtschaftsordnung sich vorbereitete, daß deshalb das Streben der Arbeiter mit dem Gang der gesellschaftlichen Entwicklung übereinstimme.

Aus dem utopischen Sozialismus wurde auf diese Weise eine Wissenschaft und eine auf der Grundlage der Wirklichkeit aufstrebende sozialistische Arbeiterbewegung, die klassenbewußt, machtbewußt und zielbewußt den Entscheidungskampf gegen die kapitalistische Wirtschaftsordnung aufnahm. Der Klassenkampf wurde zum Hebel der sozialen Umwälzung.

Aus dem ursprünglichen Gegensatz der Arbeiter und Unternehmer wegen Lohn und Arbeitszeit wurde ein leidenschaftliches Ringen der beiden Klassen um die Frage der Aufrechterhaltung oder der Umwälzung des Wirtschafts- und Gesellschaftslebens, von denen die eine Klasse für das bestehende Privateigentumssystem, die andere für das werdende sozialistische System kämpft. Große soziale Klassenkämpfe werden unvermeidlich zu politischen Kämpfen. Das unmittelbare Kampfziel ist der Besitz der Staatsmacht, mit deren Hilfe die Kapitalistenklasse ihre Position zu behaupten strebt, während die Arbeiterklasse auf die Ergreifung der Staatsmacht abzielt, um mit deren Hilfe ihre weiteren Ziele zu verwirklichen.

Das folgende Kapitel zeigt, welchen Gang die Arbeiterbewegung hierbei nimmt. Wir wollen nun noch kurz darauf hinweisen, wie tief Marx durch seine Klassenkampflehre das politische Denken beeinflußt hat. Vor Marx' Auftreten schien sich das politische Denken und der Kampf der politischen Parteien um Ideen und große Persönlichkeiten zu drehen. Die Ideologie und die Heldenanbetung herrschten vor. Jetzt bewegt sich das politische Denken bewußt oder unbewußt in Klassen- und Wirtschaftsbegriffen. Ebenso unsere Geschichtsforschung. Diese politische und geschichtliche Neuorientierung ist die Wirkung der Lebensarbeit Marxens.

Konsequent durchdacht und angewandt, kann die Marxsche Klassenkampflehre übrigens zu einer ultrarevolutionären Taktik der sozialistischen Arbeiterbewegung führen: zum System der Arbeiterräte und zur proletarischen Diktatur. Ist die aufsteigende Klasse und ihr Kampf der Hebel der sozialen Umwälzung und die Triebkraft des dialektischen Gesellschaftsprozesses, so ist die Diktatur des Proletariats berechtigt. Auf jeden Fall aber kann die Demokratie, die doch sowohl die Kapitalistenklasse wie die Arbeiterklasse einschließt, nicht die Staatsform während der Uebergangsperiode vom Privateigentum zum Sozialismus sein. Vom ökonomischen Standpunkte aus gedacht, ist die politische Demokratie überhaupt unmöglich oder nur eine Scheindemokratie, solange die wirtschaftliche Ungleichheit besteht. Das Kommunistische Manifest enthält keine einzige politisch-demokratische Reform. Aus dem ganzen Denken von Marx läßt sich schlußfolgern, daß ihm die Klasse höher stand als die sogenannte Demokratie. Hier liegt eine der Quellen des Bolschewismus.

3. Rolle der Arbeiterbewegung und proletarische Diktatur.

Die Arbeiterpartei ist der politische Ausdruck der gewerkschaftlichen Gesamtbewegung, insofern diese nationale — an die Gesamtgesellschaft und den Staat gerichtete — Forderungen stellt. Sie wird um so wirksamer auftreten und die ihr gesteckte Aufgabe erfüllen können, je kräftiger sich ihre Grundlage — die Gewerkschaftsbewegung — entfaltet und je umfassender deren Wirken wird. Die Gewerkschaften sollen sich nicht mit der Gegenwartsarbeit allein begnügen, sondern zum Schwer- und Brennpunkt der aus dem sozialen Umwälzungsprozeß entspringenden proletarischen Bestrebungen werden und auf die Beseitigung des Kapitalismus hinarbeiten. Der wirksamste Hebel zur Erreichung dieses Zieles ist die Ergreifung der politischen Macht. Mit ihrer Hilfe vollzieht das Proletariat stufenweise und bewußt die Umwandlung der kapitalistischen in die kommunistische Gesellschaft. Dieser Umwandlung *„entspricht auch eine politische Uebergangsperiode; deren Staat nichts anderes sein kann, als die revolutionäre Diktatur des Proletariats"* (Kritik des Gothaer Programms).

Marx hielt sich für den Urheber der Idee der proletarischen Diktatur. Im Jahre 1852 schrieb er an seinen Freund Weydemeyer nach New York:

„Was mich betrifft, so gebührt mir nicht das Verdienst, die Existenz der Klassen in der modernen Gesellschaft oder ihren Kampf untereinander entdeckt zu haben. Bürgerliche Geschichtsschreiber hatten längst vor mir die historische Entwicklung dieses Kampfes der Klassen dargestellt. Was ich neu tat, war, nachzuweisen: 1. daß die Existenz der Klassen bloß an bestimmte, historische Entwicklungskämpfe der Produktion gebunden sei; 2. daß der Klassenkampf zur Diktatur des Proletariats führe; daß diese Diktatur selbst nur den Uebergang zur Aufhebung aller Klassen und zu einer Klassenlosen Gesellschaft bilde" (Neue Zeit, Band XX, 2, S. 164).

Die Grundlinien der Diktatur des Proletariats zog Marx schon im Kommunistischen Manifest (1847/48), als er schrieb:

Der erste Schritt in der Arbeiterrevolution ist die Erhebung des Proletariats zur herrschenden Klasse, die Erkämpfung der Demokratie. Das Proletariat wird seine politische Herrschaft dazu benutzen, der Bourgeoisie nach und nach alles Kapital zu entreißen, alle Produktionsinstrumente in den Händen des Staates, d. h. des als herrschende Klasse organisierten Proletariats zu zentralisieren und die Masse der Produktionskräfte möglichst rasch zu vermehren. Es kann dies natürlich zunächst nur geschehen vermittels despotischer Eingriffe in das Eigentumsrecht und in die bürgerlichen Produktionsverhältnisse, durch Maßregeln also, die ökonomisch unzureichend und unhaltbar erscheinen, die aber im Lauf der Bewegung über sich selbst hinaustreiben und als Mittel zur Umwälzung der ganzen Produktion unvermeidlich sind.

Die Diktatur des Proletariats ist also ein Klassenstaat, in dem das Proletariat herrscht und durch seine Vertreter regiert und die Aufgabe hat, den Sozialismus durchzuführen und eine klassenlose Gesellschaft oder die ökonomische Gleichheit herbeizuführen. Ob man eine derartige Errungenschaft „die Erkämpfung der Demokratie" nennen darf, ist sehr fraglich, außer wenn man darunter Volksmassenherrschaft versteht.

Wie hat sich aber die revolutionäre Arbeiterklasse zu verhalten, wenn in der Revolution vorerst nicht sie, sondern die kleinbürgerlich und die bürgerlich-sozialreformerische Demokratie zur Herrschaft gelangt? Für diesen Fall gibt Marx folgende Anweisungen: Trennung von ihr und Kampf gegen sie. Er sagt (Ansprache an den Kommunistenbund, März 1850):

> Es versteht sich, daß bei den bevorstehenden blutigen Konflikten, wie bei allen früheren, die Arbeiter durch ihren Mut, ihre Entschiedenheit und Aufopferung hauptsächlich den Sieg werden zu erkämpfen haben. Wie bisher werden auch in diesem Kampfe die Kleinbürger in Masse sich so lange wie möglich zaudernd, unschlüssig und untätig verhalten, um dann, sobald der Sieg entschieden ist, ihn für sich in Beschlag zu nehmen, die Arbeiter zur Ruhe und Heimkehr an ihre Arbeit aufzufordern, sogenannte Exzesse zu verhüten und das Proletariat von den Früchten des Sieges auszuschließen. Es liegt nicht in der Macht der Arbeiter, den kleinbürgerlichen Demokraten dies zu verwehren, aber es liegt in ihrer Macht, ihnen das Aufkommen gegenüber dem bewaffneten Proletariat zu erschweren und ihnen solche Bedingungen zu diktieren, daß die Herrschaft der bürgerlichen Demokraten von vornherein den Keim des Unterganges in sich trägt und ihre spätere Verdrängung durch die Herrschaft des Proletariats bedeutend

erleichtert wird. Die Arbeiter müssen vor allen Dingen während des Konfliktes, und unmittelbar nach dem Kampfe, soviel nur irgend möglich, der bürgerlichen Abwiegelung entgegenwirken und die Demokraten zur Ausführung ihrer jetzigen terroristischen Phrasen zwingen. Sie müssen dahin arbeiten, daß die unmittelbare revolutionäre Aufregung nicht sogleich nach dem Siege wieder unterdrückt wird. Sie müssen sie im Gegenteil solange wie möglich aufrechterhalten. Weit entfernt, den sogenannten Exzessen, den Exempeln der Volksrache an verhaßten Individuen oder öffentlichen Gebäuden, an die sich nur gehässige Erinnerungen knüpfen, entgegenzutreten, muß man diese Exempel nicht nur dulden, sondern ihre Leitung selbst in die Hand nehmen. Während des Kampfes und nach dem Kampf müssen die Arbeiter neben den Forderungen der bürgerlichen Demokraten ihre eigenen Forderungen bei jeder Gelegenheit aufstellen. Sie müssen Garantien für die Arbeiter verlangen, sobald die demokratischen Bürger sich anschicken, die Regierung in die Hand zu nehmen. Sie müssen sich diese Garantien nötigenfalls erzwingen und überhaupt dafür sorgen, daß die neuen Regierer sich zu allen nur möglichen Konzessionen und Versprechungen verpflichten; — das sicherste Mittel, sie zu kompromittieren. Sie müssen überhaupt den Siegesrausch und die Begeisterung für den neuen Zustand, der nach jedem siegreichen Straßenkampf eintritt, in jeder Weise durch ruhige und kaltblütige Auffassung der Zustände und durch unverhohlenes Mißtrauen gegen die neue Regierung so sehr wie möglich zurückhalten. Sie müssen neben den neuen offiziellen Regierungen zugleich eigene revolutionäre Arbeiterregierungen, sei es in der Form von Gemeindevorständen, Gemeinderäten, sei es durch Arbeiterklubs oder Arbeiterkomitees, errichten, so daß die bürgerlichen demokratischen Regierungen nicht nur sogleich den Rückhalt an den Arbeitern verlieren, sondern sich von vornherein von Behörden überwacht und bedroht sehen, hinter denen die ganze Masse der Arbeiter steht. Mit einem Worte: vom ersten Augenblicke des Sieges muß sich das Mißtrauen nicht mehr gegen die besiegte reaktionäre Partei, sondern gegen ihre bisherigen Bundesgenossen, gegen die Partei richten, die den gemeinsamen Sieg allein exploitieren will. Um aber dieser Partei, deren Verrat an den Arbeitern mit der ersten Stunde des Sieges anfangen wird, energisch und drohend entgegentreten zu können, müssen die Arbeiter bewaffnet und organisiert sein. Die Bewaffnung des ganzen Proletariats mit Flinten, Büchsen, Geschützen und Munition muß sofort durchgesetzt werden, der Wiederbelebung der alten, gegen die Arbeiter gerichteten Bürgerwehr muß entgegengetreten werden. Wo dies letztere aber nicht durchzusetzen ist, müssen die Arbeiter versuchen, sich selbständig als proletarische Garde, mit selbstgewähltem Chef und eigenem selbstgewählten Generalstabe zu organisieren und unter den Befehl, nicht der Staatsgewalt, sondern der von den Arbeitern durchgesetzten revolutionären Gemeinderäte zu treten. Wo Arbeiter für Staatsrechnung beschäftigt werden, müssen sie ihre Bewaffnung und Organisation in ein besonderes Korps mit selbstgewählten Chefs oder als Teil der proletarischen Garde durchsetzen. Die Waffen und die Munition dürfen unter keinem Vorwand aus den Händen gegeben, jeder Entwaffnungsversuch muß nötigenfalls mit Gewalt vereitelt werden. Vernichtung des Einflusses der bürgerlichen Demokraten auf die Arbeiter, sofortige selbständige und bewaffnete Organisation der Arbeiter und Durchsetzung möglichst erschwerender und kompromittierender Bedingungen für die augenblickliche unvermeidliche Herrschaft der bürgerlichen Demokratie . . . Wir haben gesehen, wie die Demokraten bei der nächsten Bewegung zur Herrschaft kommen, wie sie genötigt sein werden, mehr oder weniger sozialistische Maßregeln vorzuschlagen. Man wird fragen, welche Maßregeln die Arbeiter dagegen vorschlagen sollen? Die Arbeiter können natürlich im Anfange der Bewegung noch keine direkt kommunistischen Maßregeln vorschlagen. Sie können aber: 1. Die Demokraten dazu zwingen, nach möglichst vielen Seiten hin in die bisherige Gesellschaftsordnung einzugreifen, ihren regelmäßigen Gang zu stören und sich selbst zu kompromittieren, sowie möglichst viele Produktivkräfte, Transportmittel, Fabriken, Eisenbahnen usw. in den Händen des Staates zu konzentrieren. 2. Sie müssen die Vorschläge der Demokraten, die jedenfalls nicht revolutionär, sondern bloß reformierend auftreten werden, auf die Spitze treiben und sie in direkte Angriffe auf das Privateigentum verwandeln, so zum Beispiel, wenn die Kleinbürger vorschlagen, die Eisenbahnen und Fabriken anzukaufen, so müssen die Arbeiter fordern, daß diese Eisenbahnen und Fabriken als Eigentum von Reaktionären vom Staate einfach und ohne Entschädigung konfisziert werden. Wenn die Demokraten die proportionelle Steuer vorschlagen, fordern die Arbeiter progressive;

wenn die Demokraten selbst eine gemäßigte progressive beantragen, bestehen die Arbeiter auf eine Steuer, deren Sätze so rasch steigen, daß das große Kapital dabei zugrunde geht; wenn die Demokraten die Regulierung der Staatsschulden verlangen, verlangen die Arbeiter den Staatsbankerott. Die Forderungen der Arbeiter werden sich also überall nach den Konzessionen und Maßregeln der Demokraten richten müssen . . Die Demokraten werden ferner entweder direkt auf die Föderativrepublik hinarbeiten oder wenigstens, wenn sie die eine und unteilbare Republik nicht umgehen können, die Zentralregierung durch möglichste Selbständigkeit und Unabhängigkeit der Gemeinden und Provinzen zu lähmen suchen. Die Arbeiter müssen diesem Plane gegenüber nicht nur auf die eine und unteilbare deutsche Republik, sondern auch in ihr auf die entschiedenste Zentralisation der Gewalt in die Hände der Staatsmacht hinwirken. Sie dürfen sich durch das demokratische Gerede von Freiheit der Gemeinden, von Selbstregierung usw. nicht irre machen lassen . . . Ihr Schlachtruf muß sein: Die Revolution in Permanenz.

Die Arbeiterklasse darf jedoch von ihrem politischen Siege die sofortige Befreiung nicht erwarten. „Um ihre eigene Befreiung und mit ihr jene höhere Lebensform hervorzuarbeiten, der die gegenwärtige Gesellschaft durch ihre eigene ökonomische Entwicklung unwiderstehlich entgegensteht," muß sie „lange Kämpfe, eine ganze Reihe geschichtlicher Prozesse durchmachen, durch welche die Menschen wie die Umstände gänzlich umgewandelt werden. Sie hat keine Ideale zu verwirklichen; sie hat nur die Elemente der neuen Gesellschaft in Freiheit zu setzen, die sich bereits im Schoß der zusammenbrechenden Bourgeoisiegesellschaft entwickelt haben" (Bürgerkrieg in Frankreich, III). Die Produktionsmittel werden nach und nach vergesellschaftet, die Produktion wird auf genossenschaftliche Grundlage gestellt, der Schulunterricht mit produktiver Arbeit verbunden, um die Mitglieder der Gesellschaft in Produzenten zu verwandeln. Solange die Uebergangsperiode andauert, kann das kommunistische Recht: „Jeder nach seinen Fähigkeiten, jedem nach seinen Bedürfnissen", nicht in Kraft treten. Denn diese Periode ist „in jeder Beziehung, ökonomisch, sittlich, geistig, noch behaftet mit den Muttermalen der alten Gesellschaft," und „das Recht kann nie höher sein als die ökonomische Gestaltung und dadurch bedingte Kulturentwicklung der Gesellschaft" (Kritik des Gothaer Programms). Die Verteilung geschieht nach Maßgabe der Leistung: „Demgemäß erhält der einzelne Produzent — nach den Abzügen für Verwaltung, Schulwesen, soziale Fürsorge usw. — exakt zurück, was er der Gesellschaft gibt. Was er ihr gegeben hat, ist sein individuelles Arbeitsquantum. Zum Beispiel: der gesellschaftliche Arbeitstag besteht aus der Summe der individuellen Arbeitsstunden; die individuelle Arbeitszeit des einzelnen Produzenten ist der von ihm gelieferte Teil des gesellschaftlichen Arbeitstages, sein Anteil daran. Er erhält von der Gesellschaft einen Schein, daß er so und so viel Arbeit geliefert hat (nach Abzug seiner Arbeit für den gesellschaftlichen Fonds) und zieht mit diesem Schein aus dem gesellschaftlichen Vorrat von Konsumtionsmitteln so viel heraus, als gleichviel Arbeit kostet. Dasselbe Quantum Arbeit, das er der Gesellschaft in einer Form gegeben hat, erhält er in der anderen zurück ... Das Recht der Produzenten ist ihren Arbeitslieferungen proportional: die Gleichheit besteht darin, daß an gleichem Maßstab: der Arbeit, gemessen wird."

Da aber die Leistungen infolge der ungleichen Begabung und Arbeitsamkeit verschieden sind, so wird in der Uebergangsperiode tatsächlich eine ungleiche Verteilung stattfinden. Erst in der vollständig entwickelten kommunistischen Gesellschaft, nachdem der Unterschied zwischen geistiger und körperlicher Arbeit verschwunden ist, die produktive Betätigung zum ersten Lebensbedürfnis geworden, die allseitige Entwicklung der Einzelmenschen und der Produktivkräfte erreicht ist und alle Springquellen des genossenschaftlichen Reichtums voller fließen, erst dann kann der enge bürgerliche Rechtshorizont ganz überschritten werden und das kommunistische Recht der Gleichheit zur Geltung gelangen.

Marx, der folgerichtig ökonomisch dachte und die Befreiung der Arbeiterklasse als höchstes Ziel setzte, dem alle anderen politischen und wirtschaftlichen Bewegungen unterzuordnen sind, hat die *Nation* als wirtschaftliche, politische und geschichtliche Tatsache nicht verkannt — das zeigt das Kommunistische Manifest, wo die Schöpfung des Nationalstaates durch die Bourgeoisie angedeutet wird. Er spottete über die jungen Enthusiasten, die die Nation als ein veraltetes

Vorurteil beiseite zu schieben gedachten,[1] aber er hat doch die biologisch und kulturell einengende Kraft des nationalen Gefühls erheblich unterschätzt. Er teilte die zivilisierte Menschheit in gegensätzliche Klassen und nahm an, daß die ökonomische Scheidungslinie sich als wirksamer erweisen müßte als die nationalen und politischen Grenzlinien. Er war deshalb durch und durch international. Marx verlangte, daß die nationalen Arbeiterparteien international handeln, sobald die Möglichkeit eines Sturzes der kapitalistischen Herrschaft gegeben ist. Dem ursprünglichen Gothaer Programm warf er vor, daß es „dem bürgerlichen Freiheits- und Friedensbund die Phrase von der internationalen Völkerverbrüderung entlehnte", während es nötig gewesen sei, „die internationale Verbindung der Arbeiterklassen im gemeinschaftlichen Kampfe gegen die herrschenden Klassen und deren Regierungen" hervorzuheben.

---

[1] Marx-Engels Briefwechsel, 3. Band, S. 323.

V. Marxsche Oekonomik.

1. Ricardos Leistung.

In der Einleitung zu dieser Schrift wurde versucht, Hegels Einfluß auf Marx nachzuweisen. Was Hegel auf philosophischem Gebiete für Marx war, das war Ricardo für ihn auf ökonomischem Gebiete. Ein Verständnis der Leistung Ricardos ist deshalb zur Würdigung der Marxschen Oekonomik ebenso nötig, wie ein Verständnis der Hegelschen Dialektik für Marxens Geschichts- und Gesellschaftsauffassung.

David Ricardo (geb. in London 1772, gest. 1823) war der eigentliche ökonomische Theoretiker der industriellen Revolution Großbritanniens, die sich in den Jahren 1760—1820 vollzog. Der Uebergang Großbritanniens vom Agrarstaat zum Industriestaat hat selbstredend eine Unmenge Probleme, Umschichtungen, Klassenkämpfe und Krisen erzeugt, die eine Erklärung und Beleuchtung heischten. In seinen Schriften, insbesondere in seinen „Principles of Political Economy and Taxation" (1817) strömt das wirtschaftliche und politische Leben des Zeitalters, das, wie soeben erwähnt, von der industriellen und landwirtschaftlichen Revolution beherrscht war: ein Zeitalter des Umsturzes der handwerksmäßig betriebenen Gewerbe, der Vernichtung der Bauernschaft und der Kleinbetriebe, der Abwanderung der Bevölkerung nach den Städten, der Einführung der Maschinerie und des Fabriksystems, der Entfesselung ungeahnter Produktivkräfte, der raschen Steigerung der Grundrente und der Getreidepreise, des Sinkens der Fabrikwarenpreise, des wachsenden Konflikts zwischen Bourgeoisie und Junkertum. Hinzu kamen die Napoleonischen Kriege, die eine Reihe von sozialwirtschaftlichen Erscheinungen hervorriefen, die denen unserer Gegenwart ähnlich waren: Hinaufschnellen der Nahrungsmittelpreise, heftige Lohnkämpfe, Luddistenbewegung (gewaltsame Zerstörung der Maschinen durch Arbeiter), Vermehrung des uneinlösbaren Papiergeldes, Inflation usw.

Verblüfft und verwundert stand der gebildete Engländer diesem Knäuel von Erscheinungen gegenüber. Wie verteilt sich der nationale Reichtum? Warum werden die Grundbesitzer immer reicher? Wie wirkt die Maschinerie auf die Arbeiter? Wie hängen Preise und Lohn zusammen? Was ist überhaupt der Warenwert? Wie werden die Preise bestimmt? Woher kommt die Bodenrente? Sind Getreidezölle nützlich oder schädlich? Werden Preise und Löhne sinken, wenn die Zölle beseitigt sind? Soll die Bourgeoisie oder das Junkertum herrschen? Die Stadt oder das flache Land? Warum entsteht Feindschaft zwischen Arbeit und Kapital?

Auf all diese Fragen versuchte Ricardo eine Antwort zu geben. Er entstammte einer jüdischen Familie, wandte sich frühzeitig dem Geschäftsleben zu, wurde reich, widmete sich jedoch wissenschaftlichen Studien, insbesondere der Nationalökonomie, die er mit seinem theoretischen Geiste und in knappem, konzentriertem Stil behandelte.

Man kann seine Lehre, soweit sie für unser Thema in Betracht kommt, wie folgt kurz zusammenfassen:

Die Gesellschaft besteht aus drei Klassen: aus Grundbesitzern, Industriekapitalisten und Arbeitern. Die Klasse der Grundbesitzer lebt von der Grund- und Bodenrente, die Kapitalisten vom Profit, die Arbeiter vom Lohn. Der wichtigste Faktor der Gesellschaft ist das Kapital oder die angehäufte, aufgesparte Arbeit. Das Kapital ist die Triebkraft der Produktion, also auch des Gesellschaftslebens. Es erhält die Arbeiterklasse und die Gutsbesitzerklasse. Das regulierende Prinzip der Verteilung des in der Produktion entstandenen Reichtums ist der Wert. Der Mittelpunkt der Ricardoschen Oekonomik ist deshalb die Werttheorie, die folgenderweise definiert wird: Die zum Zwecke der Produktion angewandte Arbeitsmenge ist die Grundlage und der Maßstab des Wertes.

Der Wert ist der natürliche Preis; beide sind identisch mit Produktionskosten; abweichend von ihm ist der Marktpreis, wie er von Angebot und Nachfrage und anderen zeitweiligen Umständen beeinflußt wird, aber zum natürlichen Preis (Wert) stets gravitiert.

Der Warenwert äußert sich in den Produktionskosten. Mit diesem Wert mißt man Höhe und Umfang des Reichtums. Der Reichtum kann haufenweise zunehmen und dennoch in Wert abnehmen, wenn die in ihm verkörperte Arbeitsmenge abnimmt. Und der Wert der Fabrikwaren nimmt unter normalen Verhältnissen ab, da die Erfindung von Maschinen und die bessere Arbeitsteilung einen Teil der auf die Fabrikwaren früher angewandten Arbeitsmenge überflüssig machen. Der Arbeitslohn wird ebenfalls vom Wertgesetz bestimmt: der Arbeiter erhält an Lohn eine bestimmte Menge von Existenzmitteln, die seine verausgabte Arbeitsmenge ersetzen. Da die Kornfrüchte — infolge der Zunahme des Kapitals und der Bevölkerung — im Preise steigen, so hat der Arbeitslohn die Tendenz zum Steigen. Arbeitslohn und Profit sind die wichtigsten Bestandteile der Werte der Güter. Steigt nun der Arbeitslohn, so muß der Profit fallen. Die Ursache des Steigens des Lohnes und des Fallens des Profits liegt in den Bodenverhältnissen: die Ackerbaufläche ist beschränkt und qualitativ verschieden. Nimmt das Kapital zu, ebenso Arbeitsgelegenheit und Bevölkerung, so genügt die alte Ackerbaufläche nicht mehr, um die Bevölkerung mit Bodenprodukten zu versehen, und der Ackerbau wird so weit als möglich ausgedehnt. Aber die Ausdehnung vollzieht sich nach den minderwertigen Bodenklassen, die früher als Weiden benützt wurden oder als Oeden dalagen. Die Bebauung dieser Strecken bietet größere Schwierigkeit, verlangt größere Arbeitsmengen. Nach dem Wertgesetz müssen ihre Produkte schon absolut an Wert zunehmen, da die Arbeitsmenge den Wert bestimmt. Sie steigen unter normalen Verhältnissen auch relativ, da die Waren, gegen die sie ausgetauscht werden, auch fernerhin mit denselben Arbeitsmengen wie früher oder gar mit geringeren Arbeitsmengen hergestellt werden. Leinwand, Tuch, Eisen und Stahlwaren, Silber und Gold, gegen die die Kornfrüchte ausgetauscht werden, enthalten entweder geringere

Arbeitsmengen als früher oder die gleichen Arbeitsmengen wie früher; sie sind jetzt entweder weniger wert als früher oder ebensoviel wie früher, während die auf die Hervorbringung der Kornfrüchte angewandte Arbeitsmenge größer geworden ist. Letztere müssen also offenbar im Werte steigen.

Mit dem Steigen der Kornpreise steigt die Bodenrente, denn die Unterschiede zwischen den in Anbau genommenen Bodenklassen werden größer. Das Fazit des ganzen Kulturfortschritts scheint also darin zu bestehen, daß der Preis der Bodenprodukte und der Preis der Arbeit steigen, während die Preise aller anderen Waren entweder sinken oder auf dem früheren Niveau bleiben: der Fabrikant sieht deshalb seinen Profit beständig sinken; der Arbeiter hat nur geringen Nutzen von seinem höheren Arbeitslohn, da der größte Teil hiervon zur Zahlung der hohen Lebensmittelpreise verwendet werden muß; hingegen fällt der ganze Vorteil dem Grundherrn als Rente zu. „Diese Tatsache — bemerkt Ricardo — hat eine größere Wichtigkeit, als auf den ersten Blick erscheinen mag. Sie verbreitet Licht auf die Interessen des Grundherrn und der Gesellschaft... Er ist nie so gut gestellt, als wenn Nahrungsmittel schwer erhältlich und teuer sind, während allen übrigen Mitgliedern der Gesellschaft leicht erhältliche und billige Nahrungsmittel nützlich sind... Es folgt hieraus, daß das Interesse des Grundherrn immer dem Interesse aller anderen Klassen der Gesellschaft entgegengesetzt ist... Hohe Rente und niedriger Profit — beide hängen unvermeidlich zusammen — würden keinen Gegenstand der Beschwerde bilden, wenn sie die Wirkung des natürlichen Ganges der Dinge wären." Aber das sind sie nicht. Sie sind vielmehr die Folge der Kornzölle, die England von den billigen Kornfrüchten der fruchtbaren Strecken des Auslandes abschließen. Ohne Getreidezölle würde der englische Ackerbau nicht gezwungen sein, zu den minderwertigen Bodenklassen seine Zuflucht zu nehmen und die Bodenprodukte zu verteuern, die Löhne zu steigern, den Profit zu senken und die Warenproduktion zu stören. „Eine Nation ist reich nicht durch Ueberfluß an Geld noch durch die hohen Werte ihrer Waren, sondern durch den Ueberfluß an allen Produkten, die das Leben angenehm und genußreich machen." Viele sind indes der Ansicht, daß die Fülle von Produkten einem Lande schädlich ist. „Sie ist aber dem Lande keineswegs schädlich; nur die Produzenten einer im Ueberfluß vorhandenen Ware leiden darunter. Aber auch sie würden nicht darunter leiden, wenn die Kornfrüchte nicht so teuer wären; nur weil ihre Waren hierdurch an Wert einbüßen, sind sie nicht imstande, sich auf dem Markte die Mittel zum angenehmen Leben zu verschaffen, denn sie besitzen eine Fülle von Waren, aber von geringem Tauschwert. Indes würden wir in einem owenistischen Parallelogramm (kommunistische Gemeinde) leben und die Produkte gemeinschaftlich genießen, so würde keiner infolge der Fülle der Produkte leiden; aber solange die Gesellschaft so eingerichtet ist wie jetzt, wird Ueberfluß oft für die Produzenten von Nachteil sein . . ."

Das sind die Lehren Ricardos, soweit sie mit unserem Thema verbunden sind. Man wird nun begreifen, warum sie die Oekonomen und die führenden Männer des Bürgertums so machtvoll ergriffen. Erstens gaben sie ihnen einen tiefen Einblick in die Wirkungen der industriellen Revolution auf Wert und Preis; dann in das Wesen der Bewegung des Arbeitslohnes; schließlich in das Verhältnis zwischen Lohn, Profit und Bodenrente und in den Gegensatz zwischen den Interessen des Industriekapitals und den der Grundherren. Der Kampf gegen die Junkeroligarchie erhielt eine theoretische Grundlage.

Nur sah Ricardo nicht, daß seine scharfe Herausarbeitung der Werttheorie und des Gegensatzes zwischen Profit und Lohn denjenigen Denkern, die sich auf die Seite der Arbeiterklasse stellten, die Waffen zum Kampfe gegen das Kapital lieferten. Nach Ricardo ist die angewandte Arbeitsmenge die Grundlage des Tauschwertes, und das Kapital ist nur aufgehäufte Arbeit; dennoch soll der Kapitalist sich die aufgehäufte Arbeit aneignen und das Schicksal des Proletariats bestimmen dürfen. Der Widerspruch, den Ricardo unbewußt formulierte, wurde sodann von den Sozialisten bewußt weiterentwickelt. Es war hierbei nichts weiter nötig als eine Aenderung des Gesichtswinkels. Ricardo sah alles vom Standpunkt des Kapitalisten, die Sozialisten alles vom Standpunkt des Arbeiters. Ricardo sagte: Das Kapital ist alles, der Grundherr nichts, und doch erhält dieser den Löwenanteil an den

Tauschwerten; die Sozialisten sagten: Der Arbeiter ist alles, Kapitalist und Grundherr sind nichts, und doch erhalten sie die aufgehäufte Arbeit, während jener nur als Arbeitsvieh betrachtet wird. Die Klassenkämpfe, die seit 1760 im Lande tobten, fanden in Ricardos Schriften ihren theoretischen Ausdruck.

2. Antikapitalistische und sozialistische Kritik.

Ebenso wie nach Hegel die Junghegelianer kamen und manche Elemente der Lehren ihres Meisters teils im bürgerlich-revolutionären Sinne, teils im Interesse des Proletariats benutzten, so folgte auf Ricardo eine ganze Reihe von Schriftstellern, die auf Grund der Ricardoschen Werttheorie die kapitalistische Ordnung angriffen. Manche von ihnen versuchten, zur vorkapitalistischen Zeit zurückzugehen und den Wiederaufbau der Kleingewerbe zu empfehlen; andere wieder wirkten für verschiedene Währungsreformen, genossenschaftliche Banken, Tauschbazare, oder sie wurden Sozialisten (Kommunisten) und agitierten für die Abschaffung des Kapitalismus und die Errichtung von kommunistischen Gemeinden. Der Hauptlehrer des Kommunismus war damals der Utopist Robert Owen (geb. in Wales 1741, gest. 1858), der die Bedeutung der Maschinerie für die Reichtumserzeugung begriffen hatte und durch Erziehungsreformen, genossenschaftliche Kolonien und Zusammenfassung der Arbeiterklasse den Kommunismus einzuführen versuchte.

Gleichzeitig mit ihm wirkten als Sozialkritiker John Gray (geb. 1798, gest. 1850), William Thompson (geb. 1785, gest. 1833), Piercy Ravenstone (wahrscheinlich ein Pseudonym, Thomas Hodgskin (geb. 1787, gest. 1869), sowie mehrere anonyme Schriftsteller, die nicht das Kapital, sondern die Lohnarbeit als die einzige Quelle des Reichtums und des Wertes betrachteten.

Gray in seiner „Lecture on Human Happiness" (1825) versucht den statistischen Nachweis, daß vier Fünftel des von den in Landwirtschaft und Industrie tätigen Arbeitern erzeugten Reichtums von den Boden- und Kapitalbesitzern den

Arbeitern widerrechtlich abgenommen werden. Er betrachtet die unmittelbaren Arbeiter als die wirklichen Produzenten. Alle anderen tätigen Menschen (Aerzte, Beamte, Angestellte usw.) mögen zwar nützliche Arbeit leisten, aber produktiv sind sie nicht.

Thompson, der in den Jahren 1822 bis 1824 ein umfangreiches Werk „Inquiry into the Principles of the Distribution of Wealth" verfaßte, kommt zu denselben Ergebnissen. Der Kapitalist ist nur der Ausleiher der Produktionsmittel, der Arbeiter aber der eigentliche Schöpfer der Werte. Nur gibt Thompson zu, daß der Kapitalist doch ein Recht auf Entlohnung habe, keineswegs aber auf denjenigen Anteil, den er unter der bestehenden Ordnung erhält.

Ravenstone schrieb im Jahre 1821 und 1824 zwei Werke, in denen er die These von der Unproduktivität des Kapitals mit außerordentlicher Schärfe behandelt. Kapital ist ihm ein leerer Schall, ein metaphysischer, wesenloser Begriff, ein hypnotisierendes Gebimmel, um den Arbeiter übertölpeln zu können. „Der Arbeiter muß einen Zoll an das Kapital entrichten, ehe er die Möglichkeit, seinen Fleiß, seine Geschicklichkeit anwenden zu können. Dieser Zoll ist Profit oder Bodenrente, odier richtiger: der Anteil des Faulenzers an des Arbeiters Produkt. Der Faulenzer lebt vom Mehrprodukt des Arbeiters." (Ravenstone: „A few doubts." Seite 225, 311.)

Der anonyme Verfasser der Broschüre „A letter to Lord John Russell", veröffentlicht 1821, erklärt: Der Kapitalist ist ist nur ein Wucherer; dieser leiht bares Geld, jener Produktionsmittel; der Gewinn des ersteren heißt Zins, der Gewinn des letzteren heißt Profit. Aber beide Einnahmequellen fließen aus der Mehrarbeit des Arbeiters. Aus dieser Mehrarbeit entsteht das Kapital.

Thomas Hodgskins Broschüre „Labour defended" (1825) führt den Nachweis, daß das Kapital unproduktiv sei und daß es einfach aus der Mehrarbeit des Arbeiters besteht.

Diese Schriftsteller verurteilten das Kapital als unsittlich und das aus den Arbeitern herausgepreßte Produkt als die Ursache der Armut der Arbeiterklasse, wie überhaupt des ganzen sozialen Elends. Sie waren die Lehrer der damals entstandenen Arbeiterbewegung, die nach und nach einen revolutionären Charakter annahm und unter dem Namen Chartismus (1825—1855) den Klassenkampf führte.

Diese Literatur sowie die chartistischen Klassenkämpfe wirkten auf Marx, der seit 1845 in Berührung mit dem englischen sozialökonomischen Leben kam.

3. Das Kapital.

Wie wir bereits wissen (oben S. 37), wurde Marx im Jahre 1843 Sozialist. Als Anhänger der Dialektik wußte er, daß der Sozialismus nur aus der Erkenntnis der Bewegung der in der bürgerlichen Gesellschaft wirkenden und sich entfaltenden Kräfte begriffen werden kann. Seine Untersuchungen im Jahre 1843/44 mündeten in dem Ergebnis, daß die politische Oekonomie die Grundlage der bürgerlichen Gesellschaft bildet. Die politische Oekonomie wurde hinfort das Hauptgebiet seiner Forschungen. Seine umfangreichen Studien der französischen und der englischen Oekonomie, insbesondere Sismondis, Ricardos und der an die Ricardosche Werttheorie anknüpfenden antikapitalistischen Literatur der Jahre 1820 bis 1840 in England, lieferten ihm eine Fülle von Anregungen und Bausteinen zu einer Kritik der politischen Oekonomie: zu einer vom Standpunkte der Arbeiterklasse und der werdenden sozialistischen Gesellschaft geschriebenen Geschichte der Entstehung, der Entfaltung und des Untergangs des Kapitalismus. Ein derartiges Werk ist das „Kapital". Es besteht aus drei Bänden. Nur der erste Band (1867) ist von Marx selber vollständig druckfertig gemacht und herausgegeben. Die übrigen zwei Bände sind nur Entwürfe und wurden nach dem Tode Marxens von Engels fertiggestellt und 1885 und 1894 veröffentlicht.

Der erste Band behandelt die Vorgeschichte und die Tendenzen des großindustriellen Kapitals, den unmittelbaren und einmaligen Produktionsprozeß der Waren, insofern als das Verhältnis zwischen Unternehmer und Arbeiter, Ausbeutung des Proletariats, Lohn und Arbeitszeit, Wirkungen der modernen Technik auf die Lage der Arbeiter in Betracht kommen: wir sehen im ersten Band das kapitalerzeugende Wirken des

Fabriksystems; seine Hauptfigur ist die schaffende, leidende, rebellierende Arbeiterklasse. Im zweiten Band erscheint der Unternehmer auf dem Markt, verkauft seine Waren und setzt die Räder des Produktionsprozesses wieder in Gang, um Waren fortgesetzt produzieren zu lassen. Im dritten Band wird der Realisierungsprozeß der Unternehmungen der kapitalistischen Klasse oder die Bewegung des Kapitals als Ganzes dargestellt: Produktionskosten, Kostenpreis, Gesamtgewinn und dessen Spaltung in Profit, Zinsen und Bodenrente.

Die größten Schwierigkeiten bietet der erste Band. Die ungeheuren Anstrengungen des Verfassers, ein Meisterwerk zu liefern, haben unnötigerweise die Lehren vom Wert und Mehrwert bis zur Höhe einer Philosophie — einer Hegelschen Logik — verfeinert, sublimiert und mit Gelehrsamkeit überladen. Wie ein geistiger Athlet spielt er mit seinem Gegenstande. Daß Marx kräftig, klar und allgemeinverständlich die verwickelten ökonomischen Fragen behandeln konnte, zeigt der dritte Band, der so vorliegt, wie er unmittelbar im Kopf seines Verfassers entstanden ist — ohne den nachträglich hergestellten gelehrten Apparat, ohne die Krücken der Noten und ohne polemisch-philosophische Ausflüge.

Zum Verständnis des „Kapitals" ist es nötig, im Auge zu behalten: 1. Marx betrachtet die wissenschaftlich entdeckten Grundsätze als das innere, wirkliche Wesen der Dinge, die Praxis hingegen als die oberflächlichen, erfahrungsmäßig erfaßten Erscheinungen der Dinge; zum Beispiel: *Wert* ist der theoretische Ausdruck, *Preis* der empirische; *Mehrwert* ist der theoretische, *Profit* der empirische Ausdruck; die erfahrungsmäßig erfaßten Erscheinungen (Preis und Profit) weichen zwar von der Theorie ab, aber sie sind ohne die Theorie nicht verständlich; 2. er betrachtet den kapitalistischen Wirtschaftsprozeß als im wesentlichen frei von *äußeren* Hemmungen und Störungen, frei von tiefen staatlichen und proletarischen Eingriffen; Arbeiterkämpfe und Fabrikschutzgesetze, von denen Marx im „Kapital" spricht, dienen eher zur Vervollkommnung der Produktionskräfte als zur Einschränkung des ausbeutenden Wirkens des souveränen Kapitals; 3. er hat immer die Kapitalistenklasse und nicht einzelne Kapitalisten im Auge.

4. Gebrauchs- und Tauschwert.

Das Leben und Treiben der kapitalistischen Gesellschaft erscheint als ein unendliches, aus zahllosen verschlungenen Kreisen geformtes Netz von Austauschoperationen. Durch Vermittlung des Geldes tauschen die Menschen fortgesetzt die mannigfaltigsten Waren und Dienste aus. Ein unaufhörliches Kaufen und Verkaufen, ein ununterbrochenes Austauschen von Dingen und Arbeitskräften — daraus bestehen im wesentlichen die menschlichen Beziehungen in der kapitalistischen Gesellschaft Eine ökonomische Karte, die diese Beziehungen graphisch darstellte, würde nicht minder verwirrend sein, als eine astronomische Karte, die die mannigfachen und einander kreuzenden Bahnen der Himmelskörper veranschaulichte. Und doch muß eine Regel, ein Gesetz in diesem scheinbaren Wirrsal von Bewegungen wirken; denn die Menschen arbeiten und tauschen doch ihre Güter nicht aufs Geratewohl aus, wie die Wilden, die für eine Glasperlenschnur ganze Goldklumpen oder rauhe Diamanten hingeben. Nach diesem Gesetz, das die Austauschoperationen regelt, forschten die englischen und französischen Oekonomen im 17., 18. und 19. Jahrhundert, worunter Petty (1623—1687), Quesnay (1694—1759), Adam Smith (1723—1790) und Ricardo (1772—1823) die originellsten sind und deren Theorien Marx als die klassische bürgerliche Oekonomie bezeichnet. Anknüpfend an ihre Forschungen erklärt Marx:

Jede Ware, d. h. jedes auf den Handelsmarkt gebrachte kapitalistisch erzeugte Ding oder Gut, besitzt einen Gebrauchswert und einen Tauschwert. Der *Gebrauchswert* ist die Nützlichkeit, die die Ware dem Verbraucher bietet, irgendeines seiner leiblichen oder geistigen Bedürfnisse befriedigt; eine Ware ohne Gebrauchswert ist nicht austauschbar, nicht verkäuflich. Als Gebrauchswerte sind die Waren stofflich voneinander verschieden; niemand wird eine Tonne Weizen gegen eine Tonne Weizen derselben Güte austauschen, wohl aber gegen einen Anzug. Nach welchem Maßstab werden aber die Waren gegeneinander ausgetauscht? Der Maßstab ist der *Tauschwert,* und dieser besteht in der Mühe, in der Arbeitsmenge, die die Herstellung einer Ware kostet. Auf dem

Markt werden gleiche Arbeitsmengen gegeneinander ausgetauscht. Als Tauschwerte, als Verkörperungen menschlicher Arbeit, sind die Waren einander wesentlich gleich, nur quantitativ sind sie verschieden, da verschiedene Warenkategorien verschiedene Arbeitsmengen in sich verkörpern. Es versteht sich, daß die Arbeitsmenge nicht nach der Arbeitsweise des individuellen Produzenten berechnet wird, sondern nach der vorherrschenden gesellschaftlichen Arbeitsmethode. Wenn zum Beispiel der Handweber A. 20 Stunden für die Herstellung eines Stückes Leinwand braucht, das in einer modernen Weberei in 5 Stunden hergestellt wird, so besitzt deswegen die Leinwand des Handwebers nicht den vierfachen Tauschwert. Verlangt der Handweber A. vom Verbraucher B. eine Gegenleistung von 20 Arbeitsstunden, so antwortet B., daß ein derartiges Stück Leinwand in 5 Stunden wieder hergestellt (reproduziert) werden kann, also nur einen Tauschwert von 5 Arbeitsstunden darstellt. Nach Marx wird demgemäß der Tauschwert so definiert: *Der Tauschwert einer Ware besteht in der gesellschaftlich notwendigen Arbeitsmenge, die ihre Reproduktion erheischt.*

Diese Arbeitsmenge ist kein beständiger Faktor. Durch eine neue Erfindung, Verbesserung der Arbeitsmethoden, Zunahme der Ergiebigkeit der Arbeit usw. nimmt die Arbeitsmenge ab, die zur Reproduktion einer Ware nötig ist; ihr Tauschwert, oder allgemein gesprochen und in Geldform ausgedrückt: ihr Preis, wird deshalb sinken, vorausgesetzt, daß die sonstigen Umstände (Nachfrage, Geldkurs) gleich bleiben. Die Arbeit ist demnach die Quelle des Tauschwertes und dieser ist der Maßstab, nach welchem die Austauschoperationen geregelt werden. Der Tauschwert mißt auch die Höhe des Warenreichtums der Gesellschaft. Der Reichtum kann an Masse zunehmen, aber an Wert abnehmen, insofern die zu seiner Reproduktion notwendige gesellschaftliche Arbeitsmenge geringer wird. Je industriell fortgeschrittener und kulturell höher eine Gesellschaft ist, desto größer ihr Reichtum und desto geringer die Arbeitsmenge, die sie auf die Reichtumserzeugung anwenden muß.

Es wurde oben gesagt, daß der Gebrauchswert eine Grundbedingung des Austausches der einzelnen Ware ist. Die

Rolle des Gebrauchswertes ist hiermit noch nicht erschöpft. Die Menge der Gebrauchswerte, die die Gesellschaft nötig hat, bestimmt die Menge der zu schaffenden Tauschwerte: Werden mehr Waren hergestellt als die Gesellschaft braucht, so haben die überschüssigen Waren keinen Tauschwert, trotz der verausgabten Arbeitsmengen (Kapital III^2, Seite 175/176, Ausgabe 1904). Die volle Verwirklichung der Tauschwerte oder der geleisteten gesellschaftlichen Arbeit hängt, wie man sieht, von der Anpassung des Angebots an die Nachfrage ab und ist Sache der Organisation, der geschäftlichen Leitung.

Wir bemerkten, daß Marxens Werttheorie an die der klassischen Oekonomen anknüpft. Aber sie sind nicht dieselben. Abgesehen von einigen Verbesserungen der Definition, die Marx machte, unterscheiden sie sich durch folgende Auffassungen: In der klassischen Werttheorie erscheint als der eigentliche Schöpfer des Wertes der *Unternehmer,* der die Produktion leitet, mit seinem Kapital die Werkzeuge, die Rohstoffe und die Arbeiter heranschafft, die fertige Ware absetzt und den Reproduktionsprozeß in Gang erhält; der Lohnarbeiter ist ihr nur eines der Produktionsmittel. In der Marxschen Werttheorie hingegen erscheint als der eigentliche Wertschöpfer der *Lohnarbeiter,* der die Rohstoffe in Waren umgestaltet oder die Rohstoffe nach der Produktionsstätte befördert; nur der Arbeiter in der Produktion und in dem mit ihr verbundenen Transport erzeugt den Wert. (Kapital II, 6. Kapitel III.) Alle anderen Klassen sind *nicht produktiv;* sie mögen zwar allgemeine Arbeit leisten, aber *sie erzeugen keine neuen Werte;* auch alle wissenschaftlichen Arbeiter, Erfinder und Entdecker leisten nur allgemeine Arbeit, die zwar die Ergiebigkeit des Schaffens der produktiven Arbeiter erhöht, also den Reichtum vermehrt, aber dessen Tauschwert nicht erhöht, denn die so erzeugten Waren enthalten weniger lebendige Arbeitskraft. (Kapital III^1, Seite 80.)

5. Der Arbeitslohn.

Oberflächlich betrachtet, erhält der Arbeiter den Lohn für seine Arbeit. In Wirklichkeit erhält er ihn als Gegenleistung für seine verausgabte Arbeitskraft, ganz in Uebereinstimmung mit dem Wertgesetz, indem er soviel Unterhaltungsmittel als Austausch erhält, als gewohnheitsmäßig und landesüblich nötig sind, seine verausgabte Arbeitskraft wiederherzustellen, ebenso wie das Arbeitspferd soviel Hafer und Heu bekommt, als nötig ist, um es arbeitsfähig zu erhalten. Kapitalist und Proletarier tauschen ökonomisch gesetzmäßigen Proportionen eine gewisse Menge Waren (Unterhaltsmittel) gegen eine gleichwertige Menge der Ware Arbeitskraft aus: Ware gegen Ware, Tauschwert gegen Tauschwert. Da also der Arbeitslohn eine bestimmte Menge von Unterhaltsmitteln bedeutet, so steigt er — auch wenn seine Geldform unverändert bleibt —, wenn die Lebensmittelpreise sinken, denn der Arbeiter ist dann imstande, mit seinem unveränderten Lohn eine größere Menge Lebensmittel zu kaufen. Umgekehrt: steigen die Lebensmittelpreise, so sinkt der Arbeitslohn, auch wenn seine Geldform die gleiche wie früher bleibt.

Dieses von Ricardo formulierte Lohngesetz nimmt Marx an, aber er bleibt dabei nicht stehen. Ricardo betrachtete die kapitalistische Welt als die vernünftige und einzig mögliche — wenigstens zur Zeit als er sein Buch schrieb, während Marx ihr seit 1843 kritisch gegenüberstand und sie zu negieren versuchte. Er forschte deshalb weiter und sagte ungefähr:

Der kapitalistische Theoretiker glaubt, daß die Frage des Arbeitslohnes abgetan sei, indem er sie durch das Wertgesetz löst. Wir wissen jedoch, daß jede Ware nicht nur einen Tauschwert, sondern auch einen Gebrauchswert besitzt, und dieses letzteren wegen gekauft wird. Der Gebrauchswert der Ware Arbeitskraft unterscheidet sich jedoch in sehr bemerkenswerter Weise vom Gebrauchswert aller anderen Waren: Der Gebrauch oder die Anwendung der Arbeitskraft erzeugt Tauschwert und kann viel mehr Tauschwert erzeugen als ihr eigener Tauschwert beträgt. Der Unternehmer kann die Arbeitskraft so lange gebrauchen, bis sie nicht nur ihren eigenen Tauschwert (den Wert der Lebensmittel), sondern doppelt soviel Tauschwert erzeugt. Zur Erzeugung des Wertes des Lohnes braucht der Arbeiter 5 oder 6 Stunden täglich; er muß aber 10 oder 12 Stunden für den Kapitalisten schaffen. Wäre der Arbeiter unabhängig, dann würde er nur die Hälfte des Arbeitstages schaffen, um seine Lebensmittel zu erhalten. Dieses Schaffen nennt Marx *notwendige Arbeit*.

Als ein vom Kapitalisten abhängiger Arbeiter muß er nicht nur notwendige Arbeit, sondern auch *Mehrarbeit* leisten; der Arbeiter kann überhaupt nur unter der Bedingung Beschäftigung finden, wenn er außer für seinen eigenen Bedarf auch eine bestimmte Anzahl von Stunden für den Kapitalisten ohne Bezahlung schafft. Oder wie Marx sagt:

„Daß ein halber Arbeitstag nötig ist, um den Arbeiter während 24 Stunden am Leben zu erhalten, hindert ihn keineswegs, einen ganzen Tag zu arbeiten. Der Wert der Arbeitskraft und ihre Verwertung im Arbeitsprozeß sind also zwei verschiedene Größen. Diese Wertdifferenz hatte der Kapitalist im Auge, als er die Arbeitskraft kaufte . . . Der Umstand, daß die tägliche Erhaltung der Arbeitskraft nur einen halben Arbeitstag kostet, obgleich die Arbeitskraft einen ganzen Tag wirken, arbeiten kann, daß daher der Wert, den ihr Gebrauch während eines Tages schafft, doppelt so groß ist als ihr eigener Tageswert, ist ein besonderes Glück für den Käufer, aber durchaus kein Unrecht gegen den Verkäufer." (Kapital I, Seite 173/174, Ausgabe 1883.)

„Kein Unrecht gegen den Verkäufer" — das ist wohl richtig vom Standpunkt Ricardos, aber nicht Marxens, denn er nennt oft die Mehrarbeit „unbezahlte Arbeit"; er sagt z. B.: „Der Kapitalist eignet sich von einer Arbeitsstunde eine halbe . . . ohne Zahlung an" („Kapital" I, Schlußsatz des 18. Kapitels), d. h. mit anderen Worten: etwas ohne Gegenleistung wegnehmen. Aber diese Bemerkung ist hier Nebensache. Sehr wichtig ist hingegen, daß wir bei unserer Betrachtung des Arbeitslohnes auf die Marxsche Mehrwertlehre gestoßen sind. Denn diese Lehre ist der Angelpunkt seines ganzen ökonomischen Systems.

6. Der Mehrwert.

Wie bereits bemerkt (oben Seite 108), hat Marx bei seiner Behandlung der Werttheorie an die klassische Oekonomie angeknüpft, aber sie in der Definition verbessert und auf die Lohnarbeit zugespitzt. Er handelte im Geiste Hegels, der der denkenden Vernunft, der Kritik, die Aufgabe stellt, den unbewußten Gegensatz zum Widerspruch zuzuspitzen. Den Anfang zu diesem dialektischen Prozeß machten in England, wie bereits auseinandergesetzt, die antikapitalistischen Kritiker, die drei Jahre nach dem Erscheinen von Ricardos Werk — ihren Widerspruch erhoben. (Vgl. Marx: Theorien über den Mehrwert, 3. Band, S. 309.) Piercy Ravenstone nennt das Kapital ein metaphysisches (luftiges, inhaltloses) Wesen, Hodgskin nennt es einen Fetisch, während sie die Arbeit als die ökonomische Wirklichkeit bezeichnen.[1] Dieser antikapitalistischen Schule waren bereits die Ausdrücke Mehrprodukt und Mehrwert bekannt. (Vgl. auch Engels' Vorrede zum 2. Band Kapital.) An diese knüpfte Marx auch an, als er daran ging, seine Kritik der politischen Oekonomie auszubauen. Aber der Unterschied zwischen Marx und diesen Sozialkritikern ist sehr erheblich: während diese die Mehrarbeit oder den Mehrwert einfach als unsittlich verurteilten, wurde der Mehrwert für Marx zum Schlüssel, mit dem er die kapitalistische Wirtschaftsordnung bloßlegte, ihre Entstehung, Blüte und Auflösung ausforschte.

Die antikapitalistische Literatur bot ihm viel weniger zum Ausbau der Mehrwertstheorie, als die klassische Oekonomie bei der Ausgestaltung der Werttheorie. Marx hatte hier noch fast alles selber zu leisten. Seine Frage war hier nicht mehr: Was ist das Wesen des Warenreichtums und wie wird er gemessen? sondern: Wie ist es entstanden, wie wächst es und wohin treibt es? Kapital ist derjenige Teil des Reichtums, der angewandt wird zum Zweck des Gewinns, der Vermehrung. Woher stammt dieser Gewinn, diese Vermehrung? Die Antwort lautet:

Jedes in ein produktives Unternehmen angelegte Kapital besteht aus zwei Teilen: ein Teil wird auf die sachlichen Produktionsmittel angewendet — auf Baulichkeiten, Maschinen, Werkzeuge und Rohstoffe; der andere auf Arbeitslöhne. Den ersteren Teil nennt Marx konstantes Kapital *(c)*, den anderen Teil variables Kapital *(v)*. Der erstere heißt konstant oder beständig, weil er den Waren nur so viel Wert hinzufügt, als von ihm im Laufe des Produktionsprozesses abge-

---

[1] Auch Marx nennt das Kapital ein „mystisches Wesen und Fetisch" (Kapital III[2], Seite 363, 365).

nutzt oder verschlissen wird: er erzeugt keine *neuen* Werte; Marx nennt ihn auch den passiven Teil. Die Auslagen auf Arbeitslöhne heißen variables oder veränderliches Kapital, weil sie verändert aus dem Produktionsprozeß hervorgehen: sie erzeugen neue, zusätzliche Werte; Marx nennt es auch den aktiven Teil, denn es erzeugt den Mehrwert *(m)*.

Diese Zusammensetzung des Kapitals aus konstanten und variablen Teilen nennt Marx die *organische Zusammensetzung*. Betriebskapitale, die aus etwa 80 Proz. konstanten und 20 Prozent variablen Teilen bestehen, nennt er mittlere oder normale Zusammensetzung. Sind die konstanten Teile noch höher, also die variablen Teile niedriger, so nennt er sie Kapitalien von hoher Zusammensetzung. Kapitale von unter 80 Prozent konstanten Teilen und über 20 Prozent variablen Teilen, nennt er Kapitale von niederer Zusammensetzung. Und zwar: weil je höher die Stufenleiter der kapitalistischen Produktion, desto kostspieliger und umfangreicher sind Maschinerie und Fabrikgebäude und desto größer die Anlagen für Rohstoffe, während primitive Betriebe wenig Maschinerie, billige Werkstätten, aber eine relativ große Zahl von Arbeitern anwenden. Das Verhältnis zwischen c und v zeigt zugleich den Entwicklungsgrad der Produktion an.

Nach Marx ist es also einzig und allein das variable Kapital, das den Mehrwert, oder allgemein gesprochen: den Profit erzeugt. Warum das variable Kapital mehr Wert erzeugt, als es dem Kapitalisten gekostet hat, haben wir oben bei der Erklärung des Wesens des Arbeitslohnes gesehen: der Arbeiter erhält zwar den ihm zukommenden Tauschwert seiner Arbeitskraft, aber der Gebrauchswert der Arbeitskraft funktioniert, sagen wir, zweimal soviel Stunden, als zu ihrer Wiederherstellung nötig ist. Diese Mehrarbeit verkörpert sich im Mehrwert. Während der Arbeiter einen Tagelohn von, sagen wir, 3 Mark erhält, zu dessen Wiederherstellung 5 Stunden Arbeit genügten, wird seine Arbeitskraft 10 Stunden gebraucht. Diese 5 Stunden Mehrarbeit kommen im Tauschwert der Ware zum Vorschein, so daß der Wert eines Warenartikels sich zusammensetzt aus den verschlissenen Teilen des konstanten Kapitals, den Auslagen für Arbeitslöhne und dem hinzugekommenen Mehrwert. Unmittelbar vor dem Produktionsprozeß waren nur konstantes und variables Kapital vorhanden, oder kurz: $c+v$; nach Vollendung des Produktionsprozesses sind in den Waren konstantes und variables Kapital sowie Mehrwert verkörpert oder $c+v+m$. Das ist der wirkliche Warenwert *(W)*, oder kurz ausgedrückt: $W=c+v+m$.

Das Verhältnis zwischen Arbeitslohn und Mehrwert, oder zwischen bezahlter und unbezahlter Arbeit, oder kurz $\frac{m}{v}$ nennt Marx die *Rate des Mehrwerts:* sie zeigt den Ausbeutungsgrad der Arbeit. Beträgt der Arbeitslohn 3 Mark, der in 5 Arbeitsstunden reproduziert werden kann, und schafft der Arbeiter für diesen Lohn 10 Stunden in der Fabrik, so daß er für 6 Mark Tauschwerte erzeugt, dann ist die Mehrwertrate 100 Prozent. Der auf diese Weise im Produktionsprozeß hinzugekommene gesamte Mehrwert heißt die Masse des Mehrwertes, oder kurz: *m.v*, das besagt: die einzelne Mehrwertrate multipliziert mit der Gesamtzahl der in einem Unternehmen beschäftigten Arbeiter oder der Gesamtsumme der Arbeitslöhne.

7. Der Profit.

Die produzierte Mehrwertmasse erscheint dem Kapitalisten unter der Gestalt von Profit. Mehrwert ist ein marxistischer wissenschaftlicher Ausdruck, der ihn in seiner prinzipiellen Richtigkeit erfassen soll. Profit ist ein kaufmännischer Ausdruck, der den Mehrwert so auffaßt, wie er im praktischen Leben erfahrungsgemäß (empirisch) erscheint. Der Unterschied zwischen der marxistisch-theoretischen und der kaufmännisch-empirischen Auffassung ist jedoch nicht so einfach, er entstammt der verschiedenen Auffassung über das Wirken des Kapitals und der Arbeit im Wirtschaftsprozeß. Erklären wir das deutlicher:

Marx teilt bekanntlich das in einem industriellen Unternehmen angelegte Kapital in zwei Teile: in konstantes (sachliche Produktionsmittel) und variables (lebendige Arbeitskraft, Lohnarbeit). Er nimmt an, daß nur die lebendige Arbeitskraft (die Lohnarbeit) Mehrwert erzeugt, während das konstante Kapital den neuen Produkten nur seinen eigenen Wert hinzufügt.

Der Kapitalist teilt sein angelegtes Kapital anders: in *fixes* (Gebäude und Maschinen) und in *zirkulierendes* (Rohstoffe und Löhne). Das fixe Kapital nutzt sich nur langsam ab und geht nur während einer Reihe von Jahren — sagen wir: 15 Jahren — gänzlich in die Produktion ein: ein fixes Kapital von 75 000 Mark wird also jährlich 5000 Mark an die Warenproduktion abgeben — und wird in der Bilanz „abgeschrieben". Hingegen geht das zirkulierende Kapital (Rohstoffe und Löhne) in jeder Produktionsperiode gänzlich ein und muß bei Beginn der neuen Produktionsperiode wieder erneuert werden. Gesetzt, ein neu zu gründendes industrielles Unternehmen verlangt eine Kapitalsanlage von 105 000 Mk.: 75 000 Mk. fixes Kapital (für Baulichkeiten und Maschinen), 20 000 Mk. für Rohstoffe, 10 000 Mk. für Arbeitslöhne. Der Uebersichtlichkeit halber nehmen wir an, daß die Produktionsperiode ein Jahr dauert, und daß die Mehrwertrate 100 Prozent beträgt, das heißt: die Arbeitskräfte wurden mit 10 000 Mk. bezahlt und sie produzierten für 20 000 Mk. Beim Jahresabschluß rechnet der Kapitalist: die Auslagen beliefen sich an fixem Kapital 5000 Mk., an zirkulierendem Kapital 30 000 Mk.; die erzeugten Waren kosteten also an Barauslagen 35 000 Mk. Das ist der *Kostenpreis*, also vorläufig ohne Profitaufschlag. Nach Marx heißt der Kostenpreis $c + v$, also noch ohne m (Mehrwert). Aber auch der Kapitalist weiß, daß die erzeugten Waren einen größeren Wert darstellen als der Kostenpreis. Nach Marx beträgt der Mehrwert 10 000 Mk. (da das Lohnkapital von 10 000 Mk. eine Mehrwertrate von 100 Prozent erzeugte); der Kapitalist aber schlägt auf den Kostenpreis einen Profit, der in sich Unternehmergewinn und Zinsen für Kapitalauslage einschließt. Wäre der Kapitalist allein auf dem Markt, so könnte sein Profit vollständig den Mehrwert von 10 000 Mark aufsaugen; aber er hat mit der Konkurrenz, mit der Marktlage zu rechnen; er erhält deshalb nur einen Profit, wie ihn der Mehrwert, die Marktlage und die Konkurrenz bedingen. Der Kostenpreis *plus* Profit ist der *Produktionspreis*, wie ihn der Kapitalist festsetzt. Nach Marx aber, d. h. rein theoretisch, ist der Produktionspreis gleich Kostenpreis *plus* Mehrwert. Es besteht also ein quantitativer Unterschied — ein Unterschied im Geldbetrag — zwischen dem theoretischen und dem praktischen Produktionspreis, ebenso ein qualitativer Unterschied zwischen der Auffassung des Kapitalisten und Marxens über die Quelle des Profits: Der Kapitalist glaubt, daß der Profit das Ergebnis sei sämtlicher in den Produktionsprozeß eingegangener Kapitalbestandteile und seiner eigenen kaufmännischen Tüchtigkeit. Marx hingegen nimmt an, daß der Kapitalist nur deshalb Profit ziehen kann, weil die Lohnarbeiter (die lebendigen Arbeitskräfte) im Produktionsprozeß einen Mehrwert erzeugten, für die sie keine Zahlung erhalten haben.

Wir nahmen an, daß der Mehrwert, am Lohnkapital gemessen, 100 Prozent beträgt: das Lohnkapital von 10 000 Mark brachte 20 000 Mk. Bei der Jahresbilanz möchte man aber wissen, wie das ganze Anlagekapital sich prozentual rentiert hat. Wir verteilen deshalb die 10 000 Mk. Mehrwert auf die verausgabten 35 000 Mk. Der Mehrwert eines Unternehmens, auf das Gesamtkapital *(C)* verteilt, nennt Marx *Profitrate* oder kurz $\frac{m}{C} = \frac{10\,000}{35\,000} = 28{,}58$ Prozent.

Der Kapitalist kann — in der Regel — nicht unter dem Kostenpreis verkaufen, sonst macht er bankerott. Er kann aber ganz gut unter dem Produktionspreis verkaufen und tut es meistens. Nach dem früher gegebenen Beispiel beträgt seine Profitrate über 28 Prozent. Je nach dem Grade des Wettbewerbs oder infolge anderer Umstände, auf die wir im nächsten Kapitel eingehen, kann er sich mit einer Profitrate von 10, 15 oder 20 Prozent begnügen, die ihm teils als Einkommen dienen, teils zur Vergrößerung seines Unternehmens verwendet werden. Die 28 Prozent Profit bilden in der Regel einen Kreis, innerhalb dessen er seine Fabrikpreise festsetzt. Unter günstigen Umständen kann er die ganzen 28 Prozent auf die Preise schlagen; unter minder günstigen nur 20, 15 oder 10 Prozent. Es verbleiben demnach mehrere Mehrwertteile in den Waren, die noch nicht realisiert sind. Was geschieht mit ihnen? Die übrigen Profitteile oder Mehrwertteile fallen an den Groß- und Kleinhandel, der sich zwischen Produzent und Konsument schiebt, oder sie gehen in Form von Zinsen an die Bankinstitute, falls der Kapitalist mit geborgtem Gelde wirtschaftet. Da der Profit sich erst im

Zirkulationsprozeß (in Handel und Verkehr) realisiert und unter die verschiedenen Wirtschaftsklassen und Schichten verteilt, so glauben die meisten Leute, daß der Profit im Handelsverkehr entstehe. Sie wissen nicht, daß der Handel nur deshalb die Warenpreise erhöhen kann, weil die Fabrikpreise unter ihrem Produktionspreis, unter ihrem Wert festgesetzt wurden, d. h. weil die Waren Mehrwert in sich enthalten, der erst im Zirkulationsprozeß nach und nach ausgeschöpft wird.

Die soziale Bedeutung dieser Lehre ist weit- und tiefgreifend. Ist sie richtig, so führen alle Gesellschaftsschichten, die nicht als Arbeiter im Produktionsprozeß oder im Rohstofftransport beschäftigt sind, ein schmarotzendes Leben und zehren vom Mehrwert, den die Kapitalistenklasse dem Proletariat abpreßt und ohne Zahlung einheimst.

Anders nach kapitalistischer Auffassung. Nach dieser ist der Profit das Ergebnis sowohl des Unternehmungsgeistes und der Tüchtigkeit des Kapitalisten, wie sämtlicher im Produktionsprozeß eingegangenen Kapitalteile: der verschlissenen Maschinen und Gebäude, der aufgebrauchten Rohstoffe und der angewandten Arbeitskräfte, die sämtlich rechtmäßig zu ihrem Tauschwert gekauft wurden. Daß auch die Händler und Geldverleiher einen Teil des so erzeugten Profits abbekommen, ist nur recht und billig; denn sie tragen dazu bei, daß die Tauschwerte sich realisieren, indem sie an die Konsumenten gebracht werden und auf diese Weise den Produktionsprozeß ermöglichen.

Mehrwert oder Profit? Arbeit oder Kapital? Hinter dieser Frage versteckt sich der große Klassenkampf der modernen Gesellschaftsordnung. Kein Wunder, daß die Marxsche Wert- und Mehrheitslehre zu einer umfassenden Polemik den Anlaß gab, in der das berühmte Problem der Durchschnittsprofitrate eine große Rolle spielte, da man darin die wichtigste Widerlegung der Marxschen Wert- und Mehrwerttheorie zu finden glaubt.

8. Das Problem der Durchschnittsprofitrate.

Nach der früher erklärten Wert- und Mehrwertlehre von Marx erzeugt nur das variable Kapital neuen Wert und Mehrwert. Ein industrielles Unternehmen von niederer organischer Zusammensetzung, das also viel variables Kapital und weniger konstantes Kapital anwendet, müßte demnach größeren Mehrwert oder mehr Profit erzeugen, als ein industrielles Unternehmen von hoher Zusammensetzung, das zwar dasselbe Gesamtkapital anwendet, aber aus mehr konstanten und weniger variablen Teilen zusammengesetzt ist als jenes: Nehmen wir zwei Industriekapitale von je 35 000 Mk. Eines wendet 15 000 Mk. auf konstante Elemente (Maschinerie, Rohstoffe) an und 20 000 Mk. auf variable Elemente (Arbeitslöhne). Das andere zeigt 20 000 Mk. konstante Elemente und 15 000 Mk. variable Elemente. Bei gleicher Mehrwertrate — 100 Prozent — müßte das erstere Kapital 20 000 Mk. Mehrwert (Profit) erzeugen, das andere nur 15 000 Mk. Profit. Die Erfahrung zeigt jedoch, daß gleiche Kapitale — trotz zeitweiliger Profitunterschiede — schließlich gleiche Profite erzeugen. Hieraus ließe sich schließen, daß tatsächlich das angewandte Kapital und nicht die Arbeit für die Größe des Mehrwerts (Profit) maßgebend sei, daß die wirklichen Ergebnisse des kapitalistischen Produktionsprozesses nicht mit der Marxschen Wertlehre übereinstimmen, daß die Tatsachen geradezu die Theorie widerlegen. Es war Marx selber, der die Aufmerksamkeit auf dieses Problem lenkte:

> „Dies Gesetz widerspricht offenbar aller auf dem Augenschein gegründeten Erfahrung. Jedermann weiß, daß ein Baumwollspinner, der, die Prozentteile alles angewandten Gesamtkapitals berechnet, relativ viel konstantes und wenig variables Kapital anwendet, deswegen keinen kleineren Gewinn oder Mehrwert erbeutet als ein Bäcker, der relativ viel variables und wenig konstantes in Bewegung setzt." (Kapital I, 9. Kapitel.)

Wie ist also die gleiche Profitrate bei ungleicher organischer Zusammensetzung der Kapitale in Einklang mit der Mehrwerttheorie zu bringen?

Marx gibt zu, daß gleiche Kapitalsummen bei ungleicher Anwendung der beiden organischen Kapitalteile gleiche Profitraten ergeben, obgleich die erzeugten Mehrwertmengen sehr verschieden sind. Zwei Kapitale von je 50 000 Mk., von denen eines zum Beispiel 40 000 Mk. konstantes und 10 000 Mk. variables Kapital darstellt und bei einer 100prozentigen Mehrwertrate 10 000 Mk. Mehrwert ergibt, während das andere sich aus 10 000 Mk. konstantem und 40 000 Mk. variablem Kapital zusammensetzt und bei gleicher Mehrwertrate eine Mehrwertsumme von 40 000 Mk. ergibt, werden nichtsdestoweniger eine gleiche Profitrate abwerfen, obwohl sie theoretisch ungleich sein müßten, wenn die Mehrwertrate die Profitrate direkt bestimmte. Im ersten Falle müßte die Profitrate 20 Prozent, im zweiten Falle 80 Prozent betragen. In Wirklichkeit werfen beide Unternehmungen gleiche Profitraten ab. Wie ist dies nach Marx zu erklären?

Die verschiedenen Profitraten werden durch die Konkurrenz zu einer allgemeinen Profitrate ausgeglichen, die der Durchschnitt aller verschiedenen Profitraten ist. Die Kapitalisten realisieren also nicht den Mehrwert, wie er individuell in irgendeiner beliebigen Fabrik erzeugt wird, sondern als *Durchschnittsprofitrate,* wie sie durch die Bewegung des Gesamtkapitals der Gesellschaft hergestellt wird. Die Durchschnittsprofitrate kann niedriger oder höher sein als die individuelle Profitrate, denn „die verschiedenen Kapitalisten — so erklärt Marx — verhalten sich hier, soweit der Profit in Betracht kommt, als bloße Aktionäre einer Aktiengesellschaft, worin die Anteile am Profit gleichmäßig pro 100 Mk. verteilt werden, und daher für die verschiedenen Kapitalisten sich nur unterscheiden nach der Größe des von jedem in das Gesamtunternehmen gesteckten Kapitals, nach seiner verhältnismäßigen Beteiligung am Gesamtunternehmen, nach der Zahl seiner Aktien." (Kapital III[1], 9. Kapitel; Kapital III[2], 25. und 48. Kapitel, Seite 293/294, 355.)

Wenn auch die einzelnen Profitraten sich nicht proportionell mit der Mehrwertrate decken, d. h. wenn auch der Ausbeutungsgrad der Arbeiter in den einzelnen Fabriken und die so erzeugte einzelne Mehrwertmasse nicht die einzelne Profitrate direkt bestimmen, so ist es doch die gesamte gesellschaftliche Mehrwertmasse, aus der eine Durchschnittsprofitrate gezogen wird. Ist die Mehrwertmasse groß, so wird auch die Durchschnittsprofitrate groß sein. „Es ist ganz damit — sagt Marx dort — wie mit dem Durchschnittszinsfuß, den ein Wucherer macht, der verschiedene Kapitalien zu verschiedenen Zinsraten ausleiht. Die Höhe der Durchschnittsrate hängt ganz davon ab, wieviel von seinem Kapital er zu jeder der verschiedenen Zinsraten ausgeliehen hat." Je höher die einzelnen verschiedenen Zinsraten, desto höher wird die Durchschnittszinsrate sein, zu der er sein Gesamtkapital angelegt hat.

Der einzelne Produktionspreis bedeutet deshalb Kostenpreis *plus* Durchschnittsprofitrate, und nicht *plus* Mehrwert; er fällt nicht notwendigerweise mit dem Gesamtbetrag der im einzelnen Betriebe angewandten konstanten und variablen Kapitalteile *plus* Mehrwertmasse zusammen; Preise und Wertgrößen der Waren sind nicht schlechthin gleich — das betont Marx sehr oft. Wohl aber deckt sich der Gesamtprofit der kapitalistischen Klasse mit dem der Arbeiterklasse abgepreßten Gesamtmehrwert, vorausgesetzt natürlich, daß das Warenangebot dem gesellschaftlichen Bedürfnis entspricht. So setzt sich das Wert- und Mehrwertgesetz, trotz aller Abweichungen und Brechungen, die es beim Durchgang von der Produktionssphäre durch die Zirkulations- in die Realisierungssphäre erleidet, in letzter Instanz doch durch. „In der Theorie — bemerkt Marx — wird vorausgesetzt, daß die Gesetze der kapitalistischen Produktionsweise sich rein entwickeln. In der Wirklichkeit besteht immer nur Annäherung." (Kapital III[1], Seite 154.) Und je mehr die kapitalistische Produktion sich entwickelt, desto größer wird die Annäherung auch im einzelnen sein, denn der Fortschritt des Kapitalismus bedeutet eine fortgesetzte Zunahme des konstanten Kapitals, eine Mechanisierung der Betriebe und ein Herabdrücken des variablen Kapitals auf das notwendige Minimum, so daß die Unterschiede in der organischen Zusammensetzung der kapitalistischen Betriebe geringer werden, wodurch Mehrwertrate und Profitrate einander immer näher kommen. Dieser indirekte, schwierige Weg der Realisierung des Profits bringt es mit sich, daß der Kapitalist die von ihm geübte Ausbeutung der Lohnarbeit nicht deutlich merkt, sondern glaubt, daß er seiner eigenen kaufmännischen Tätigkeit den Profit verdankt.

Man kann die schwierigen, bisher behandelten Kapitel über die Grundzüge der ökonomischen Lehren von Marx nicht besser schließen als mit der zusammenfassenden Betrachtung, die er am Schlusse seines Werkes (Kapital III², Seite 355/356) über diese Materie gibt:

„In der kapitalistischen Gesellschaft verteilt sich der Mehrwert oder das Mehrprodukt — wenn wir von den zufälligen Schwankungen der Verteilung absehen, und ihr regelndes Gesetz, ihre normierenden Grenzen betrachten — unter den Kapitalisten als Dividende im Verhältnis zu der Quote, die jedem vom gesellschaftlichen Kapital gehört. In dieser Gestalt erscheint der Mehrwert als der Durchschnittsprofit, der sich selbst wieder in Unternehmergewinn und Zins spaltet, und unter diesen beiden Kategorien verschiedenen Sorten von Kapitalisten zufallen kann. Wie der fungierende Kapitalist die Mehrarbeit und damit unter der Form des Profits den Mehrwert aus dem Arbeiter auspumpt, so pumpt der Grundeigentümer einen Teil dieses Mehrwerts wieder dem Kapitalisten aus, unter der Form von Rente ... Wenn wir also hier vom Profit als dem, dem Kapital zufallenden Anteil des Mehrwerts sprechen, so meinen wir den Durchschnittsprofit ... Kapitalprofit (Unternehmergewinn und Zins) und Grundrente sind also nur besondere Bestandteile des Mehrwerts ... Zusammenaddiert bilden sie (d. h. Unternehmergewinn, Zins und Grundrente) die Summe des gesellschaftlichen Mehrwerts."

Große Teile des Profits werden sodann in Kapital rückverwandelt. Auf diese Weise wächst das Kapital oder wird, wie Marx sagt, akkumuliert (angehäuft).

9. Mehrwert als gesellschaftliche Triebkraft.

Kapital wurde definiert (S. 113) als derjenige Teil des Reichtums ist, der zum Zwecke der Vermehrung, des Gewinns, des Herausschlagens von Profit oder Mehrwert angewandt wird. Dieser Zweck beherrscht die kapitalistische Klasse; der Drang nach Mehrwert ist das leitende Motiv, der hauptsächlichste Beweggrund ihrer Tätigkeit. Angestachelt von diesem Drange und ausschließlich mit ihren Sonderinteressen beschäftigt, entfaltet diese Klasse unbewußt und unabsichtlich das ganze kapitalistische System, führt es auf eine immer höhere und umfassendere Stufenleiter. *Der Mehrwert ist also die treibende Kraft der Geschichte der modernen kapitalistischen Gesellschaft.* Dieses Prinzip führt Marx durch sein theoretisches System, das die kapitalistische Gesellschaft begrifflich erfassen will, mit eiserner Konsequenz hindurch.

Der Kapitalist ist kein wissenschaftlicher Forscher; er ist sich nicht klar darüber, welche Kapitalteile und welches Wirken der persönlichen Produktivkräfte den Profit erzeugen, aber eins weiß er: ohne die lebendige Arbeitskraft, ohne die Lohnarbeiter bleibt sein ganzes Kapital tot und vermehrt sich nicht; das ganze fixe Kapital und alle Rohstoffe bringen ihm keinen Nutzen, solange die lebendige Arbeitskraft sie nicht in Bewegung setzt und sie in Waren umformt. Sein Trachten ist deshalb vor allem darauf gerichtet, die lebendige Arbeitskraft gehörig auszunutzen. Geschichtlich betrachtet, wird auf der Vorstufe der Großindustrie wenig konstantes und relativ viel variables Kapital verwendet; es gibt noch wenig Maschinerie, die lebendige Arbeitskraft ist die Hauptsache. Die Arbeiter sind noch keine Fabrikproletarier im heutigen Sinne, sondern Handwerker, die ihre selbständige Existenz verloren haben. Der Kapitalist spannt sie ein, nutzt ihre Arbeitskraft und ihr berufliches Können aus. Sein Bestreben ist deshalb, den Arbeitstag zu verlängern, um soviel Waren und Profit als möglich erzeugen zu können. Hat der Lohnarbeiter vorher zehn Stunden geschafft, wovon fünf Stunden auf die Reproduktion seines Lohnwerts und fünf Stunden auf Mehrwert entfallen, so muß er jetzt zwölf Stunden schaffen, wodurch die Mehrarbeit sich auf sieben Stunden erhöht. Der durch die Verlängerung des Arbeitstages herausgeschlagene Mehrwert wird von Marx *absoluter Mehrwert* genannt.

Der Kapitalist lernt inzwischen aus Erfahrung, daß, wenn die Arbeiter so kombiniert werden, daß sie sich gegenseitig in die Hände arbeiten, die Arbeit ergiebiger wird: die Produktivität der Arbeit wächst. Hieraus entsteht die Arbeitsmethode, die Marx (Kapital I, 11. Kapitel) *Kooperation* nennt, oder eine Neuorganisation der Werkstätten, die die ganze Warenerzeugung auf eine höhere Stufe hebt. Die Kombinierung der Arbeiter im Produktionsprozeß führt bald zur Entdeckung, daß, wenn der Arbeiter nicht das ganze Produkt selber herstellt, sondern lediglich einen Teil desselben, so verliert er weniger Zeit und wird in seinem Schaffen geschickter, schneller und produziert mehr als vorher. Diese Entdeckung führt zur *Teilung der Arbeit,* die zwar den Arbeiter zum Automaten, zur lebendigen Maschine degradiert, aber den Warenreichtum ganz erheblich steigert. Teilarbeiten verlangen wiederum feinere Werkzeuge; mechanische Probleme entstehen, die von Mechanikern und Werkzeugschlossern gelöst werden. Die Mechanik wird hierdurch gefördert. Der wachsende Warenreichtum und der Drang nach dessen profitbringender Realisierung erheischen ausgedehntere Märkte; das Bedürfnis nach Ausdehnung stößt auf Verkehrsschwierigkeiten; es entstehen Verkehrsprobleme, die die Straßen- und Wasserbauingenieure lösen. Die wachsende Mannigfaltigkeit der Arbeitsprozesse und der zu erzeugenden Warenkategorien stellen neue metallurgische, physikalische und chemische Probleme. Die Naturwissenschaft blüht auf. (Kapital I, 12. Kapitel, Seite 502, 3. Auflage.)

Inzwischen geht es in den Manufakturwerkstätten nicht so ruhig zu. Die Verlängerung der Arbeitszeit und die schärfere Kraftanspannung, sowie die Kombinierung der Arbeit, legen es den Arbeitern nahe, sich zu verbinden, und um bessere Arbeitsbedingungen zu kämpfen. Diese Kämpfe zusammen mit den Fortschritten der Naturwissenschaft, der Technologie und der Ausdehnung der Absatzmärkte resultieren in der Erfindung der maschinellen Technik, der Grundlage der Großindustrie. Der Kapitalist ist bestrebt, sich einerseits von den lebendigen Arbeitskräften möglichst unabhängig zu machen, andererseits seine Profitmasse zu steigern. Die Mittel hierzu bieten ihm die neuen technischen Erfindungen. Die früheren Arbeiter, die noch Handwerkerstolz besitzen oder als enteignete Kleinbauern sich der Fabrikdisziplin nicht unterwerfen können und sich widersätzlich zeigen, werden teils durch Frauen- und Kinderarbeit ausgeschaltet, teils mürbe und gefügig gemacht. Die Arbeitszeit wird abermals verlängert, insbesondere geht die Ausbeutung der Kinder- und Frauenarbeit ungeheuer vor sich. Der Lohnarbeiter, der voll von beruflichem Stolz und oft mit seinen eigenen Werkzeugen in die Manufakturwerkstätte des Unternehmers eintrat, wird jetzt zu einem winzigen Rädchen einer ungeheueren, rücksichtslos wirkenden Maschinerie.

In dieser umfassenden, bis dahin beispiellosen wirtschaftlichen Umwälzung gehen die älteren Betriebsformen unter; ganze Gesellschaftsschichten, die Träger der untergehenden Betriebsformen, versinken ins Elend und vermehren die proletarische Klasse. Der Fortschritt der industriellen Revolution erfaßt auch die Landwirtschaft; der Drang nach Mehrwert (Bodenrente) führt zu Verkoppelungen und zur Aneignung der Gemeindeländereien durch die Großgrundbesitzer, die selbständige Bauernschaft wird dezimiert, die Kleinbesitzer und Kleinpächter proletarisiert. Eine Umschichtung der gesellschaftlichen Klassen greift Platz; die städtische Bevölkerung wächst rasch, das flache Land entvölkert sich; aus diesem Umwälzungsprozeß steigen immer deutlicher die Umrisse zweier Klassen empor: Kapitalisten und Proletarier.

Sowohl das Fabrikproletariat wie die übrigen dem Kapitalismus feindlich gegenüberstehenden Gesellschaftsschichten reagieren gegen die gesundheitszerstörende Ausbeutung und kämpfen für einen Normalarbeitstag. Die Arbeitszeit wird begrenzt; das Streben der Kapitalisten nach Verlängerung des Arbeitstags und nach absolutem Mehrwert wird gehemmt, aber bald zwingt der Fortschritt der maschinellen Technik die Arbeiter, die kürzere Arbeitszeit intensiver auszunutzen; die beschleunigte Bewegung der Maschine bestimmt das Tempo, erzwingt eine Beschleunigung der Kraftanspannung. Der Arbeiter muß nunmehr in eine Arbeitsstunde soviel Kraft hineinpressen wie früher in anderthalb Stunden. Den so herausgepreßten Mehrwert nennt Marx *relativen Mehrwert*. Die Kämpfe der Arbeiter um kürzere Arbeitszeit sind ein ungeheurer Anstoß für die Fabrikanten, ihre Maschinerie zu vervollkommnen, um den relativen Mehrwert zu steigern. (Kapital I, 13. Kapitel, 3 c.) Die Intensifikation der Arbeit oder die Erzeugung des relativen Mehrwerts ist eine der wichtigsten unmittelbaren Wirkungen und eines der hervorstechendsten Merkmale des entwickelten Kapitalismus. Das Verständnis dieser neuen Phase ist eine Vorbedingung zum

Verständnis des Marxschen Systems. Hier greift Marx ganz erheblich über die antikapitalistischen Theoretiker hinaus, die auf Ricardo folgten.

Was geschieht, sobald der Kapitalist merkt, daß die Auspressung des absoluten Mehrwerts auf eine unüberwindliche Schranke stößt? Er verlegt sich auf die Ausstattung seines Unternehmens mit den neuesten und kostspieligsten Maschinen, um lebendige Arbeitskräfte zu verdrängen und sie von ihm beschäftigten Arbeitskräfte intensiver anzuspannen. Da aber relativ wenig lebendige Arbeitskraft weniger Tauschwert und weniger Mehrwert hervorbringt, so muß er die Produktion vervielfachen, um durch die größere Warenmasse den Ausfall an Mehrwert zu decken: wenn auch der einzelne Warenartikel ihm weniger Profit bringt, so stellt er doch jetzt so große Mengen her, daß der Profit derselbe bleibt wie vorher oder gar noch größer ist als vorher. Die umfangreichere Maschinerie, die verarbeiteten größeren Rohstoffmengen und die relativ geringere Zahl von Arbeitskräften bedeuten offenbar eine Aenderung in der organischen Zusammensetzung des Kapitals: die konstanten Bestandteile (Maschinen, Rohstoffe) überwiegen mehr und mehr die variablen. War die Zusammensetzung vorher 50 Prozent konstante und 50 Prozent variable Teile, so ist sie jetzt wie 80:20. Gleichzeitig ist auch das Anlagekapital stark gestiegen, denn Maschinen und große Roh- und Hilfsstoffmengen verlangen eine Vermehrung des Kapitals. Betrug früher das Anlagekapital z. B. 100 000 Mk., wovon 50 000 Mk. auf konstantes und 50 000 Mk. auf variables Kapital entfielen, so beträgt es jetzt 500 000 Mk., wovon 400 000 konstante Teile, 100 000 variable. Diese organische Zusammensetzung bedeutet: *relativ geringe Arbeitsmengen setzen große Massen sachlicher Produktionsmittel in Bewegung; die Arbeit wird produktiver, weil angespannter; die gesamte Warenmasse wächst; der Profit an den einzelnen Warenartikeln wird kleiner, aber der Gesamtprofit größer; die Rückverwandlung von Profit in Kapital geht rasch vor sich.* Die Stufenleiter der Produktion wird immer mehr erweitert, das Anlagekapital wird immer größer, denn nur die großen Kapitale sind imstande, so viel relativen Mehrwert zu erzeugen, um eine große Profitmasse herauszuschlagen, die Unternehmergewinn und Zinsen gewährt, also eine Anhäufung von Kapital gestattet. Die erweiterte Stufenleiter der Produktion ist den minder starken kapitalistischen Unternehmern unzugänglich. Sie gehen teils unter, teils vereinigen sie sich zu Aktiengesellschaften. Im ersteren Falle entsteht eine Konzentration der Produktionsmittel in wenigen Händen, im letzteren Falle eine Zentralisation der Produktionsmittel. Das ist die Wirkung der neuen organischen Zusammensetzung des Kapitals auf die Kapitalistenklasse.

Sie hat eine nicht minder tiefe Wirkung auf die Arbeiterklasse. Solange die Handarbeit noch eine wichtige Rolle in der Werkstätte spielte, solange in der organischen Zusammensetzung des Kapitals die variablen Teile überwogen oder den konstanten Teilen das Gleichgewicht hielten, wie dies auf der Vorstufe und im Anfangsstadium der Großindustrie der Fall war, bedeutete die Anhäufung von Industriekapital eine verstärkte Nachfrage nach Lohnarbeitern. Die Lage änderte sich mit der Entwicklung des Kapitalismus, wie sie soeben geschildert wurde. Obwohl die Kapitalmasse sich anhäuft, sinkt relativ die Nachfrage nach Arbeitern. Denn das Wachsen der Kapitalmasse kommt hauptsächlich den konstanten Teilen (Maschinen und Rohstoffen) zugute, während die variablen Teile relativ abnehmen: das heißt, der Arbeiter muß jetzt eine viel größere Menge Rohstoffe verarbeiten als vorher. Und da in der Phase der hohen organischen Zusammensetzung des Kapitals die Warenpreise sinken, so wird der Zeitabschnitt der notwendigen Arbeit (d. h. die Stundenzahl, die zur Reproduktion des Tagelohnes nötig ist) immer kürzer, hingegen der Zeitabschnitt der Mehrarbeit immer länger. Die großindustrielle Entwicklung bedeutet demnach für die Arbeiter: intensive Ausbeutung und Entstehung einer relativen Ueberbevölkerung, eine Reservearmee von Arbeitskräften, die in Zeiten der Geschäftsblüte von der Industrie absorbiert und bei niedergehender Konjunktur rasch demobilisiert werden. In Zeiten guten Geschäftsganges dient die Reservearmee dazu, die Lohnansprüche der regelmäßig beschäftigten Arbeiter im Zaum zu halten; in Zeiten niedergehender Konjunktur dient sie dazu, die Löhne zu drücken. Das Ergebnis für die Arbeiter ist folgendes:

„Innerhalb des kapitalistischen Systems vollziehen sich alle Methoden zur Steigerung der gesellschaftlichen Produktivkraft der Arbeit auf Kosten des individuellen Arbeiters; alle Mittel zur Entwicklung der Produktion schlagen um in Beherrschungs- und Ausbeutungsmittel des Produzenten, verstümmeln den Arbeiter in einen Teilmenschen, entwürdigen ihn zum Anhängsel der Maschinerie, vernichten mit der Qual seiner Arbeit ihren Inhalt, entfremden ihm die geistigen Potenzen des Arbeitsprozesses im selben Maße, worin letzterem die Wissenschaft als selbständige Potenz einverleibt wird; sie verunstalten die Bedingungen, innerhalb deren er arbeitet, verwandeln seine Lebenszeit in Arbeitszeit, schleudern sein Weib und Kind unter das zermalmende Rad des Kapitals. Alle Methoden zur Produktion des Mehrwerts sind zugleich Methoden der Kapitalsanhäufung und jede Ausdehnung der Kapitalsanhäufung wird umgekehrt Mittel zur Entwicklung jener Methoden. Es folgt daher, daß im Maße wie Kapital sich anhäuft, die Lage des Arbeiters, welches immer seine Zahlung, hoch und niedrig, sich verschlechtern muß ... Die Anhäufung von Reichtum auf dem einen Pol ist also zugleich Anhäufung von Elend, Arbeitsqual, Sklaverei, Unwissenheit, Brutalisierung und moralische Entwürdigung auf dem Gegenpol, d. h. auf Seite der Klasse, die ihr eigenes Produkt als Kapital erzeugt." (Kapital I, Seite 663—64, 3. Auflage.)

Das ist das Ergebnis der kapitalistischen Wirtschaftsordnung: Entfaltung der Produktivkräfte, Aufblühen der Wissenschaft, Aufschwung der materiellen Kultur, Spaltung der Gesellschaft in gegensätzliche Klassen, Ausschaltung aller Ethik, wirtschaftliche Macht der wenigen, Entwürdigung und Versklavung der vielen.

10. Oekonomische Widersprüche: Verfall und Neugestaltung.

Mit dem Heranreifen der kapitalistischen Gesellschaftsformation zur höchsten Stufe entfalten sich die ihr innewohnenden Widersprüche und kündigen deutlich an, daß sie sich überlebt, daß in ihrem Schoße neues Leben, ein höherer Gesellschaftstypus im Entstehen begriffen ist. Die bedeutungsvollsten Widersprüche sind:

Der treibende Beweggrund des Kapitalisten ist ein Höchstmaß von Mehrwert oder Profit. Die höchste Stufe des Kapitalismus ist aber gekennzeichnet durch die hohe organische Zusammensetzung des Kapitals, wo also die lebendige Arbeitskraft, die Quelle des Mehrwerts, relativ abnimmt. Die Abnahme des variablen Kapitals bedeutet offenbar eine niedrige Profitrate. Der Kapitalismus zeigt tatsächlich die Tendenz zur Senkung der Profitrate. Er bringt also eine Erscheinung hervor, die dem Zwecke und dem Streben des Kapitalisten widerspricht. Der Kapitalist strebt nach Aufhäufung von Kapital; da aber variables Kapital und Profitrate relativ abnehmen, zeigt sich eine tendenzielle Entwertung des Kapitals. Der Kapitalist versucht diesen Tendenzen entgegenzuwirken und seinen Zweck zu erreichen durch die Erweiterung der Stufenleiter der Produktion, um durch die Masse das auszugleichen, was er im einzelnen einbüßt. Aber indem er zu diesem Zwecke zur hohen organischen Zusammensetzung greift, schaltet er den gewerblichen Mittelstand aus, schränkt die Zahl der beschäftigten Arbeiter ein und schafft eine relative Uebervölkerung, eine Reservearmee von nur gelegentlich Beschäftigten: schränkt erheblich die Nachfrage nach Waren ein, denn die verarmten Volksmassen verlieren selbstredend an Kaufkraft. Der Kapitalist erweitert die Produktion und verengt gleichzeitig den Absatz. Das Ergebnis ist: Ueberproduktion, Unterkonsum — *Krise:* Vergeudung von Kapital, Einschnürung der Produktion, Lahmlegung von Produktivkräften. Und wenn Marx heute lebte, würde er hinzufügen: Die entwickelte großkapitalistische Wirtschaft, d. h. die hohe organische Zusammensetzung des Industriekapitals erheischt enorme Mengen von Rohstoffen, die zum Teile nur aus den tropischen und subtropischen Gegenden sowie aus Ostasien zu holen sind; der Kampf um diese Rohstoffquellen und um den Zugang zu ihnen führt zu imperialistischen *Kriegen,* in denen beispiellos hohe Kapitalsummen zerstört werden. Seit den letzten Jahrzehnt des vergangenen Jahrhunderts brechen diese Rohstoff- und Verkehrswegkriege in Pausen von wenigen Jahren aus. Wirtschaftskrisen und imperialistische Kriege, über alle Maßen starke Vernichtung von Kapital und Produktivkräften! Das ist ein Ergebnis, das zur historischen Aufgabe der kapitalistischen Wirtschaftsordnung und zum unmittelbaren Streben des individuellen Kapitalisten in klaffendem Widerspruch steht.

Weiter: der Kapitalist, der von Anfang an bestrebt ist, gefügige und widerstandslose Arbeitermassen zu schaffen, vereinigt und kombiniert die Arbeiter durch Schaffung großer Industriezentren; die Fabriken werden zu Organisationsstätten des Proletariats, zu Zusammenballungen der proletarischen Einzelwillen zum Klassenwillen; sie beseitigen die zersplitterten, gegensätzlichen Interessen der einzelnen Arbeiterschichten und schweißen sie zu einem einheitlichen Klasseninteresse zusammen. Schließlich: der ganze Wirtschaftsprozeß, der auf individualistischer Grundlage begann, erhält einen gemeinschaftlichen Charakter; Tausende und Abertausende von Hand- und Kopfarbeitern schaffen einheitlich und planmäßig in wirtschaftlichen Unternehmungen mit Produktionsmitteln, die nur gemeinschaftlich beschafft und verwendet werden können.

Was diese Widersprüche bedeuten und was sie ankündigen, schildert Marx (Kapital I, Schluß des 24. Kapitels) in dem großen Finale, das eigentlich zum Schlußkapitel des dritten Bandes gehört:

„Sobald dieser Umwandlungsprozeß nach Tiefe und Umfang die alte Gesellschaft hinreichend zersetzt hat, sobald die Arbeiter in Proletarier, ihre Arbeitsbedingungen in Kapital verwandelt sind, sobald die kapitalistische Produktionsweise auf eigenen Füßen steht, gewinnt die weitere Vergesellschaftung der Arbeit und weitere Verwandlung der Erde und anderer Produktionsmittel in gesellschaftlich ausgebeutete, also gemeinschaftliche Produktionsmittel, daher die weitere Expropriation der Privateigentümer, eine neue Form. Was jetzt zu expropriieren, ist nicht länger der selbstwirtschaftende Arbeiter, sondern der viele Arbeiter exploitierende Kapitalist. Diese Expropriation vollzieht sich durch das Spiel der immanenten Gesetze der kapitalistischen Produktion selbst, durch die Zentralisation der Kapitalien. Je ein Kapitalist schlägt viele tot. Hand in Hand mit dieser Zentralisation oder der Expropriation vieler Kapitalisten durch Wenige, entwickelt sich die kooperative Form des Arbeitsprozesses auf stets wachsender Stufenleiter, die bewußte technische Anwendung der Wissenschaft, die planmäßige Ausbeutung der Erde, die Verwandlung der Arbeitsmittel in nur gemeinsam verwendbare Arbeitsmittel, die Oekonomisierung aller Produktionsmittel durch ihren Gebrauch als Produktionsmittel kombinierter, gesellschaftlicher Arbeit, die Verschlingung aller Völker in das Netz des Weltmarktes, und damit der internationale Charakter des kapitalistischen Regimes. Mit der beständig abnehmenden Zahl der Kapitalmagnaten, welche alle Vorteile dieses Umwandlungsprozesses usurpieren und monopolisieren, wächst die Masse des Elends, des Drucks, der Knechtschaft, der Entartung, der Ausbeutung, aber auch die Empörung der stets anschwellenden und durch den Mechanismus des kapitalistischen Produktionsprozesses selbst geschulten, vereinten und organisierten Arbeiterklasse. Das Kapitalmonopol wird zur Fessel der Produktionsweise, die mit und unter ihm aufgeblüht ist. Die Zentralisation der Produktionsmittel und die Vergesellschaftung der Arbeit erreichen einen Punkt, wo sie unverträglich werden mit ihrer kapitalistischen Hülle. Sie wird gesprengt. Die Stunde des kapitalistischen Privateigentums schlägt. Die Expropriateurs werden expropriiert."

Schlußbetrachtung.

Eine Würdigung Marxens kann nur nach Marxscher Methode unternommen werden. Wir müssen ihn so beurteilen, wie jeden andern im Reiche des Gedankens oder der Tat hervorragenden Menschen. Marx war ein Sohn seiner Zeit, und sein Gedankensystem ist eineQ begriffliche Erfassung der wirtschaftlichen und gesellschaftlichen Erscheinungen seines Zeitalters, mit Hilfe von Denkformen und Vorarbeiten einiger seiner Vorgänger.

Zwei wichtige Geschehnisse füllten sein Denken: Die *Französische Revolution* und die *englische wirtschaftliche Revolution*. Schon abgesehen von Arnold Ruges Mitteilung, daß Marx im Jahre 1843/44 ein ungeheures Material für eine Geschichte des Konvents gesammelt habe, wissen wir aus seinen Arbeiten vom Jahre 1844 bis 1852, wie tief der Einfluß war, den die Französische Revolution auf sein Gedankenleben ausübte. Noch tiefer waren die Spuren, die seine Studien über die wirtschaftliche Umwälzung Englands (1760—1820) in seinem Geiste hinterließen. Beide Geschehnisse sind weithin sichtbare und katastrophale Ausdrücke von Klassenbewegungen und Klassenzusammenstößen, in denen das Bürgertum als Träger einer höheren Wirtschaftsordnung über feudalautokratische Herrschaftsformen und oligarchisch-polizeistaatliche Betriebsformen den Sieg erringt, in denen aber auch eine neue Klasse — die Arbeiterklasse — ihr Haupt erhebt und gegen den Sieger Front zu machen beginnt.

Diese Geschehnisse auf diese Weise zu erklären und sie zur Grundlage einer Geschichtsauffassung zu machen, dazu verhalfen ihm vornehmlich *Hegel*, *Ricardo* und die auf Ricardo folgende *antikapitalistische Schule*. Bis zu Ende seines Lebens hielt Marx an der Ansicht fest, daß die Dialektik, wie Hegel sie formuliert hatte, zwar mystisch sei, aber wenn materialistisch gefaßt, die Bewegungsgesetze der Gesellschaft enthält. „Die Mystifikation, welche die Dialektik in Hegels Händen erleidet, verhindert in keiner Weise, daß er ihre allgemeinen Bewegungsformen in umfassender und in bewußter Weise dargestellt hat." (Vorwort zur 2. Auflage des „Kapital", 1873.)

Die Spaltung des Begriffs in Gegensätze und die Negierung dieser Gegensätze zum höheren Positiven stellten sich dem Geiste Marxens dar als das innere Wesen, als der tiefe Sinn der Französischen Revolution und der englischen wirtschaftlichen Revolution. Die Gesellschaft, das Positive, spaltete sich in Feudale und Bourgeois, in scharfe Gegensätze, wobei die Bourgeoisie als die Negation erschien, die durch das Proletariat aufgehoben wird und der kommunistischen Gesellschaft Platz macht.

Was Hegel ihm in mystischer Form gab, erhielt bei Ricardo und der antikapitalistischen Schule wirtschaftlichen Inhalt. Ricardos Schriften aus dem zweiten Jahrzehnt des 19. Jahrhunderts, die in Form eines ökonomischen Lehrgebäudes die Gegensätze und Kämpfe zwischen Industrie und Grundadel formulieren, wirkten wie eine praktische Demonstration der Richtigkeit der Dialektik.

Wir sahen bei Ricardo ein System von ökonomischen Gegensätzen zwischen Profit, Lohn und Rente, oder zwischen Bourgeoisie, Proletariat und Junkertum, wobei der Gegensatz zwischen Bourgeoisie und Proletariat noch unentwickelt ist.

Das Jahr des Erscheinens von Ricardos *„Principles"* (1817) ist das Jahr der Entstehung des englischen Sozialismus. Drei Jahre später erschienen schon die ersten Kritiken der politischen Oekonomie Ricardos. Sie argumentierten: Nach Ricardo ist die Arbeit die Quelle des Wertes, und doch hält er das Kapital für den schöpferischen Faktor der Gesellschaft und die Arbeiterklasse nur als Anhängsel des Kapitals. Es müßte umgekehrt sein, denn die Arbeiter schaffen die Werte, ebenso die Mehrprodukte, die vom Kapital angeeignet werden. Im Jahre 1817 bekennt sich Robert Owen öffentlich zum Sozialismus; vier Jahre später veröffentlicht ein Anonymus seinen Brief an Lord John Russell; Piercy Ravenstone seine Kritik des Kapitalismus; 1825 John Gray seine Vorlesung, Hodgskin sein Pamphlet über die Unproduktivität des Kapitals, worin er den tobenden Klassenkampf feststellt.

Der starke Eindruck, den diese Schriften auf Marx machten, geht deutlich hervor aus dem 2. und 3. Band seiner „Theorien über den Mehrwert". Und an sie knüpfte er an. Er vollendete, was Ricardo andeutete und was die antikapitalistischen Kritiker aus Ricardo schlußfolgerten. Wie Marx diese Schlußfolgerungen fortsetzte und ausbaute, sahen wir oben (3. Grundzüge der ökonomischen Lehren: 7. Mehrwert als gesellschaftliche Triebkraft), wo das Kapital sich als die den Arbeitern entzogene Mehrwertmasse erweist.

Die Schlußfolgerung der englischen antikapitalistischen Schule aus Ricardo bedeutete politisch das erste Erwachen der englischen Arbeiter zum Klassenbewußtsein, zum Kampf gegen das Kapital. Ebenso wie bei Ricardo die Wert- und Rententheorie ein Kampfruf des Kapitals gegen das Junkertum war, — ein Kampfruf, der die Freihandelsbewegung schuf und die wirtschaftliche Macht des Grundadels brach, so wurde die Wert- und Mehrwerttheorie zum Schlachtruf des Proletariats gegen die Bourgeoisie, sozusagen eine Unabhängigkeitserklärung der Arbeiterklasse. Dem englischen Proletariat fehlte der Theoretiker, der diese Aufgabe hätte konsequent durchführen können. Erst Marx unterzog sich dieser Aufgabe und löste sie, soweit eine im Dienste einer Klassen- und Zeitbewegung stehende Wissenschaft theoretische Aufgaben lösen kann. Denn es ist unmöglich, die Ansicht von der Hand zu weisen, daß die Marxsche Wert- und Mehrwerttheorie eher die Bedeutung eines politischen und sozialen Schlachtrufs als die einer ökonomischen Wahrheit hat. Sie ist bei Marx die Begründung des Klassenkampfes der Arbeiter gegen die Bourgeoisie, ebenso wie die Ricardosche Rententheorie die Begründung des Klassenkampfes der Bourgeoisie gegen die Junkerklasse war, oder die naturrechtliche Lehre vom Gesellschaftsvertrag die Begründung des Kampfes der bürgerlichen Welt gegen die Autokratie und das Gottesgnadentum bildete. Derartige Kampftheorien müssen nur für das Empfinden der kämpfenden Masse wahr sein.

Die größte Schwierigkeit bei Marx ist, daß er die Erfinder und Entdecker, die Chemiker und Physiker, die industriellen und landwirtschaftlichen Pioniere und Organisatoren wohl als sozial nützliche, aber nicht als produktive, wertschaffende Faktoren in Rechnung stellte. Denker, die durch chemische Erfindungen und Entdeckungen die Ergiebigkeit des Bodens verdoppeln, aus Industrieabfällen Milliardenwerte hervorzaubern; Physiker, die neue Kraftquellen und neue Produktionsmittel den Menschen zur Verfügung stellen, die die Ergiebigkeit der Arbeit vervielfachen; Organisatoren, die die Produktionskräfte zusammenfassen und neue Arbeitsmethoden einführen, — all dieses Arbeiten und Schaffen, das oft unmeßbare Mengen intensiver Geistesanstrengungen erfordert, soll die Kapitalmasse der Nation nicht vermehren. Und doch ist es das geistige Schaffen der Erfinder, Entdecker, Organisatoren und Wirtschaftspioniere, das zum Teile erklären kann, warum Europa kapitalreich, Asien kapitalarm, Nordamerika kapitalstark, das Russische Reich kapitalschwach ist.

Was jedoch die Verteilung der Produkte anbetrifft, so ist die Marxsche Auffassung im allgemeinen richtig: Die Verteilung vollzieht sich in der kapitalistischen Wirtschaftsordnung nicht nach der produktiven Leistung, sondern nach Maßgabe der Kapitalauslagen und der kaufmännischen Manövrierkunst in der Zirkulationssphäre.

Einzigartig als Forscher der Gesetze der proletarischen Bewegung, hervorragend und zum Teile bahnbrechend als Soziologe, ist Marx in der ökonomischen Theorie vorwiegend Agitator. Sein System ist vor allen anderen sozialistischen und nationalökonomischen Systemen der revolutionäre Ausdruck des proletarischen Empfindens. Seine Lehren: Wert, Mehrwert, Einfluß der Oekonomie auf die Geschichte, Entwicklung des Kapitalismus zum Sozialismus, politischer und wirtschaftlicher Klassenkampf werden noch auf lange Zeit hinaus bei den Massen die Kraft der Wahrheit besitzen und sie bewegen.

Es muß im Geiste von Marx ein Jubilieren und Klingen gewesen sein, als aus den Elementen Hegels, Ricardos und der antikapitalistischen Schule, aus seinen Studien der Französischen Revolution und der englischen wirtschaftlichen Umwälzung, des französischen und englischen Sozialismus ein einheitliches System entstand, das die Bestimmung hatte, die Menschheit aus ihrer irdisch gebundenen Vorgeschichte in die neue Welt der geistigen Kulturentfaltung zu führen. Der Mensch soll das Reich der Notwendigkeit verlassen und in das der Freiheit eintreten, wo er aufhört, ein Mittel zum Gewinn anderer zu sein, sondern zum Selbstzweck sich erhebt und sich frei mit seinen Nebenmenschen assoziiert, um im Dienste aller zu schaffen:

„Das Reich der Freiheit beginnt in der Tat erst da, wo das Arbeiten, das durch Not und äußere Zweckmäßigkeit bestimmt ist, aufhört; es liegt also der Natur der Sache nach jenseits der Sphäre der eigentlichen materiellen Produktion. Wie der Wilde mit der Natur ringen muß, um seine Bedürfnisse zu befriedigen, um sein Leben zu erhalten und zu reproduzieren, so muß es der Zivilisierte, und er muß es in allen Gesellschaftsformen und unter allen möglichen Produktionsweisen. Mit seiner Entwicklung erweitert sich dies Reich der Naturnotwendigkeit, weil die Bedürfnisse (sich erweitern), aber zugleich erweitern sich die Produktionskräfte, die diese befriedigen. Die Freiheit in diesem Gebiet kann nur darin bestehen, daß der vergesellschaftete Mensch, die assoziierten Produzenten, diesen ihren Stoffwechsel mit der Natur rationell regeln, unter ihre gemeinschaftliche Kontrolle bringen, statt von ihm als von einer blinden Macht beherrscht zu werden; ihn mit dem geringsten Kraftaufwand und unter den ihrer menschlichen Natur würdigsten und adäquatesten Bedingungen vollziehen. Aber es bleibt dies immer ein Reich der Notwendigkeit. Jenseits desselben beginnt die menschliche Kraftentwicklung, die sich als Selbstzweck gilt, das wahre Reich der Freiheit, das aber nur auf jenem Reich der Notwendigkeit als seiner Basis aufblühen kann." (Kapital III[2], Seite 355.)

LITERATUR - NACHWEIS

I.

Werke von Karl Marx

Aus dem literarischen Nachlaß von Karl Marx. Fr. Engels und Ferd. Lassalle (1848—1860). 4 Bände, 1902. Herausgegeben von Franz Mehring. Enthalten u. a.: Doktor-Dissertation, „Zur Kritik der Hegelschen Rechtsphilosophie" aus den Deutsch-Französischen Jahrbüchern, „Heilige Familie", Aufsätze aus der „Neuen Rheinischen Zeitung", „Neuen Rheinischen Revue" und Lassalles Briefe an Marx und Engels
Elend der Philosophie (ursprünglich französisch, Brüssel 1847, deutsche Uebersetzungen 1885 und 1907)
Kommunistisches Manifest (1848)
Lohnarbeit und Kapital (1849)
Der achtzehnte Brumaire des Louis Bonaparte (1852)
Revolution und Konterrevolution in Deutschland (1848—49)
Klassenkämpfe in Frankreich (1848—50)
Enthüllungen über den Kommunistenprozeß in Köln (1852)
Zur Kritik der politischen Oekonomie (1859)
Herr Vogt (1860)
Inauguraladresse der Internationalen Arbeiter-Assoziation (1864 bis 1865)
Lohn, Preis, Profit (1865)
Das Kapital. Kritik der politischen Oekonomie. 1. Band: Der Produktionsprozeß des Kapitals. 2. Band: Der Zirkulationsprozeß des Kapitals. 3. Band: Der Gesamtprozeß der kapitalistischen Produktion (2 Teile)
Bürgerkrieg in Frankreich (Pariser Kommune) 1871
Zur Kritik des sozialdemokratischen Programms von Gotha 1875 in „Neue Zeit" 1890—91
Aus der kritischen Geschichte (Entwicklung der polit. Oekonomie), in Friedrich Engels' „Anti-Dühring", 1877
Theorien über den Mehrwert. 1. Band: Die Anfänge der Theorie vom Mehrwert bis Adam Smith. 2. Band (2 Teile): David Ricardo. 3. Band: Von Ricardo bis zur Vulgärökonomie

Gesammelte Schriften (1852—1862). Enthalten Aufsätze und Artikel, die Marx und Engels für amerikanische, englische und deutsche Blätter schrieben (Krimkrieg, Englische Politik, Panslawismus usw.). Herausgegeben von Rjasanoff
Briefwechsel mit Engels (1844—1883). 4 Bände
Briefe in Sorges Briefwechsel
Briefe an Kugelmann, in „Neue Zeit" 1901—02
Briefe an Weydemeyer (1848—1870), „Neue Zeit" 1906—07
Briefe an Freiligrath, in „Neue Zeit" 1912

> Die meisten dieser Schriften sind in zahlreichen Auflagen und zu verschiedenen Zeiten und Preisen erschienen. Die meisten bei Dietz, Stuttgart

II.
Zur Einführung in den Marxismus

Engels, Friedrich. Entwicklung des Sozialismus von der Utopie zur Wissenschaft
— Feuerbach, Ludwig (Anhang: Marx über Feuerbach)
Lassalle, Ferdinand. Arbeiterprogramm
Kautsky, Karl. Marx' Oekonomische Lehren
— Das Erfurter Programm
— Die historische Leistung von Karl Marx
Cunow, Heinrich. Die Marxsche Geschichts-, Gesellschafts- und Staatstheorie
Boudin, Louis. Das theoretische System von Karl Marx
Mehring, Franz. Karl Marx. Geschichte seines Lebens
Wilbrandt, Robert. Karl Marx
Diederich, Dr. Franz. Geschichtliche Tat. (Marx Brevier.) Blätter und Sätze aus den Schriften und Briefen von Karl Marx
Wiener Marx-Studien. 3 Bände (H i l f e r d i n g, Böhm-Bawerks Marx-Kritik. K a s n e r, Soziale Funktion der Rechtsinstitute. A d l e r, M a x, Kausalität und Teleologie im Streite um die Wissenschaft. B a u e r, Nationalitätenfrage. H i l f e r d i n g, Das Finanzkapital. G r i g o r o v i c i, Wertlehre bei Marx und Lassalle)
Luxemburg, Rosa. Akkumulation des Kapitals
Adler, Max. Marx als Denker
— Marxistische Probleme
Plechanow, Georg. Die Grundprobleme des Marxismus
— Holbach, Helvetius und Marx
Gorter, Hermann. Der historische Materialismus

Parvus. Der Klassenkampf des Proletariats
Zetkin, Klara. Karl Marx und sein Lebenswerk
Müller, Hermann. Karl Marx und die Gewerkschaften
Renner, Dr. Karl. Marxismus, Krieg und Internationale
Neue Zeit. Wochenschrift der deutschen Sozialdemokratie, Dietz, Stuttgart
Der Kampf. Monatsschrift, Wien

III.
Kritik des Marxismus
Die antimarxistische Literatur ist sehr umfangreich. Die folgenden Schriften gehören zu den besten, die gegen den Marxismus gerichtet sind

Böhm v. Bawerk. Zum Abschluß des Marxschen Systems (1896)
Diehl, Karl. Verhältnis von Wert und Preis bei Marx (1898)
Bernstein, E. Die Voraussetzungen des Sozialismus (1899)
Barth, Paul. Die Geschichtsphilosophie Hegels und der Hegelianer (1890)
— Philosophie der Geschichte als Soziologie (1897)
Masaryk, Thomas G. Die philosophischen und soziologischen Grundlagen des Marxismus (1899)
Menger, Anton. Das Recht auf den vollen Arbeitsertrag (1886)
Plenge, Johann. Hegel und Marx.

www.ingramcontent.com/pod-product-compliance
Lightning Source LLC
Chambersburg PA
CBHW021712230426
43668CB00008B/805